上海政法学院党内法规与纪检监察研究丛书

丛书总主编：葛卫华　潘牧天　刘长秋

监察法规的基本属性和制定研究

王　园／著

法律出版社
LAW PRESS·CHINA
——北京——

图书在版编目（CIP）数据

监察法规的基本属性和制定研究 / 王园著 . -- 北京 : 法律出版社 , 2025. -- (上海政法学院党内法规与纪检监察研究丛书 / 葛卫华 , 潘牧天 , 刘长秋总主编).
ISBN 978-7-5244-0538-2

Ⅰ. D922.114.4

中国国家版本馆 CIP 数据核字第 2025J7X464 号

监察法规的基本属性和制定研究
JIANCHA FAGUI DE JIBEN SHUXING HE ZHIDING YANJIU

王 园 著

策划编辑 李 军
责任编辑 李 军
装帧设计 贾丹丹

出版发行 法律出版社
编辑统筹 法律应用出版分社
责任校对 王晓萍
责任印制 刘晓伟
经　　销 新华书店

开本 A5
印张 8.875　**字数** 230 千
版本 2025 年 9 月第 1 版
印次 2025 年 9 月第 1 次印刷
印刷 北京建宏印刷有限公司

地址：北京市丰台区莲花池西里 7 号（100073）
网址：www.lawpress.com.cn
投稿邮箱：info@lawpress.com.cn
举报盗版邮箱：jbwq@lawpress.com.cn

销售电话：010-83938349
客服电话：010-83938350
咨询电话：010-63939796

书号：ISBN 978-7-5244-0538-2　**定价**：58.00 元

凡购买本社图书，如有印装错误，我社负责退换。电话：010-83938349

#《上海政法学院党内法规与纪检监察研究丛书》

编 委 会

总　序

党内法规学与纪检监察学，是党的十八大以来伴随全面依法治国战略与全面从严治党战略深入推进而越来越受关注和重视的两个新显学，也是因在强化党的领导和党的建设方面承担无以替代的特定使命而兴起于中国特色社会主义新时代这样一个伟大时代的两个重要学科。作为新学科，党内法规学与纪检监察学是两个不同的学科，但又彼此关系密切。两者都是以马克思主义理论学科为魂、中共党史党建学为根、法学为要的交叉性学科，都需要在包括法学、政治学、中共党史党建学以及马克思主义理论等在内的多个学科共同助力的基础上逐步形成自身的学科体系、学术体系和话语体系。相比中共党史党建学与马克思主义理论学科而言，法学尽管无法担当铸造这两个学科灵魂与根脉的重任，但在这两个学科的研究中极为重要、不可或缺。也正因为如此，中共中央办公厅、国务院办公厅印发的《关于加强新时代法学教育和法学理论研究的意见》中明确将纪检监察学与党内法规学作为优化法学学科体系以加快完善法学教育体系必须高度重视的两个基本学科，要求“坚持依法治国和依规治党有机统一，加强纪检监察学、党内法规学学科建设”。

党的二十大提出今后中国共产党的中心任务是：团结带领全国各族人民全面建成社会主义现代化强国、实现第二个百年奋斗目标，以中国式现代化全面推进中华民族伟大复兴。这意味着中国共产党已经带领中国人民全面踏上了党和国家事业的新征程。新征程势必会对作为中国特色社会主义事业领导核心的中国共产党的领导及其建设提出更高要求，对反腐败斗争带来新的挑战。正如党的二十大报告指出的，“全面建设社会主义现代化国家、全面推进中华民族伟大复兴，关键在党……全党必须牢记，全面从严治党永远在路上，党的自我革命永远在路上，决不能有松劲歇脚、疲劳厌战的情绪，必须持之以恒推进全面从严治党，深入推进新时代党的建设新的伟大工程，以党的自我革命引领社会革命”。而要“持之以恒推进全面从严治党”“以党的自我革命引领社会革命”，就必须以解决大党独有难题的清醒和坚定不断加强党内法规制度建设，深入推进依规治党，就必须持续强化党的纪检监察工作，坚持把权力关进制度的笼子。这无疑为作为新时代新显学的党内法规学与纪检监察学之发展提供了良好机遇。

上海政法学院是一所以努力创建具有鲜明政法特色的一流应用型大学为目标、正在日益显现其勃勃生机的高校，学校高度重视那些具有鲜明政法特色的新兴学科与交叉学科的发展。党内法规学与纪检监察学就是这样的两个学科，是我们看好的具有包容性且能够对法学、政治学、马克思主义理论学科等相关学科具有辐射和带动效应的复合型、交叉型新学科，也是学校的两个优势学科。学校高度重视这两个学科的发展，并创造了很多条件，积极发展这两个学科。为此，学校早于 2019 年就开始谋划布局，逐步在这两个学科建设上蓄劲发力。2019 年 4 月，学校在上海市委办公厅及上海市教委的支持下成立了上海政法学院党内法规研究中心，成为上海市第三家公开成立的党内法规研究机构，同时成为上海市教育系统首批三家与第二批五家党内法规研究基地之一。2021 年，学校先后引进国内党内法规学界权威专家刘长秋教授与魏治勋教授，并辅之以多位优秀年轻学者，打造了党内法规学科建设的强劲阵容，成为上海乃至全国党内法规研究一支不可忽视的重要力量。在此基础之上，2022 年 5 月，学校整合党内法规研究中心、刑事司法学院、法律学院、马克思主义学院等多个学院和中心相关研究力量，依托刑事司法学院，成立了实体性的上海政法学院纪检监察学院，成为上海首家公开成立纪检监察学院的高校，不仅为上海政法学院纪检监察学科的发展铸造了良好平台，也为党内法规研究中心的进一步腾飞找到了新的增长点。未来，上海政法学院党内法规学科和纪检监察学科将在科学规划和合理布局的基础上逐步形成“以党内法规研究为基础和优势、以纪检监察研究为抓手和特色，两个学科互相配合、互相支撑、共同建设”的良性发展格局，助力学校在学科建设上取得新进展、在人才培养上实现新突破。

为了支撑学校党内法规学与纪检监察学学科建设，编写一套高质量的丛书就成为学校面临的一项紧迫任务。为此，学校在上海市教委以及市委办公厅法规处的大力支持下，依托上海政法学院党内法规研究中心与纪检监察学院，充分整合学校党内法规学与纪检监察学精干研究力量，编写了这套“上海政法学院党内法规与纪检监察研究丛书”。该丛书是在已经出版的“上海政法学院党内法规研究丛书”的基础之上，顺应学校党内法规学与纪检监察学相互借力发展之需要与趋势而推出的大部制成果，也是上海政法学院党内法规研究中心作为上海市教育系统党内法规研究中心二期建设最具分量的研究成果。中共中央2023年4月印发的《中央党内法规制定工作规划纲要（2023—2027年）》明确宣明，“为深入贯彻落实党的二十大重大决策部署，完善党内法规制度体系，增强党内法规权威性和执行力，进一步发挥依规治党的政治保障作用”，在对未来五年党内法规制度建设进行了科学布局和全面规划的背景下，学校希望借这套丛书发出党内法规学和纪检监察学的“上政声音”。尽管我们清醒地知道，上海政法学院作为一所发展中的高校还难以在这两个学科上发出响彻时代的最强音，但真诚地希望能够以此为我国党内法规学和纪检监察学的深入发展贡献绵薄之力，为中国共产党依规治党和反腐败斗争的持续推进贡献绵薄之力！

最后，恳请国内各兄弟院校多多关注和关心上海政法学院党内法规研究中心与纪检监察学院的发展，多多支持和指导上海政法学院党内法规学与纪检监察学学科建设。

葛卫华

2024年12月于野马浜

序　言

2019年10月26日，第十三届全国人大常委会第十四次会议表决通过《关于国家监察委员会制定监察法规的决定》，明确“国家监察委员会根据宪法和法律，制定监察法规”。监察法规作为一种新型的法规自此诞生。2021年9月20日，我国首部监察法规《监察法实施条例》正式出台；2025年6月1日，其修订版首次发布。由于法规修订时间尚短，当前学术界对监察法规的理论研究仍未达成广泛共识。在学术探讨中，关于监察法规的性质及其制定机制，存在两种主要观点。第一种观点倾向于将监察法规与一般的法律法规相类比[1]，主张可以沿用行政法等法律框架来界定其属性与制定过程。然而，这一视角未能充分考虑到监察法规是在国家监察体制改革的特定历史背景下产生的。此次改革不仅重构了我国的政治结构，将传统的“一府两院”体系转变为“一府一委两院”的新格局，而且通过监察委员会与党的纪律检查委员会的合署办公，强化了党对反腐败工作的集中统一领导。因此，监察法规的属性超越了单纯的法律范畴，具有更深层次的政

〔1〕 参见秦前红、石泽华：《监察法规的性质、地位及其法治化》，载《法学论坛》2020年第6期。

治和法律双重属性。第二种观点则强调监察法规与党内法规的紧密联系，认为可以借鉴党内法规的性质和制定逻辑来理解监察法规[1]。这一观点虽然认识到了纪委监委合署办公的现实以及监察法规与党内法规的内在关联，但低估了监察法及其相关法规在推动反腐败工作法治化进程中的重要作用，同时忽略了监察法规相较于党内法规所独有的法律特性。经过综合分析，本书提出监察法规具有跨法和政治的鲜明特点，是连接国家法律和党内法规的桥梁纽带，是将反腐败纳入法治轨道的重要制度保障，既属于法律法规的一种，与刑法、刑事诉讼法等法律法规相衔接，符合一般法律的制定要求，具有一般法律的属性，也与党内法规相衔接，与党内法规的基本理念、原则要求保持一致，本质上是党内法规的法律形式表达，具有相较一般法律法规更为突出的政治属性。监察法规的制定应充分考虑监察法规的特殊性，建立在对其政治和法律双重属性的深刻理解和把握之上。

对监察法规属性的深入理解，是科学制定监察法规的前提和基础。监察法规作为监察法的配套性规范体系，既是监察法的下位法，也是监察委员会行使监察权的重要依据。它通过明确监察机关的权限边界、程序规范和运行规则，为监察工作的规范化、法治化提供了制度保障，直接影响着监察权能否在法治轨道上运行。因此，监察法规的制定不仅是监察立法体系的重要组成

---

〔1〕 参见王建芹、陈思羽:《强政治性法律规范:监察法规性质问题再思考——以〈监察法实施条例〉为依据》，载《河南社会科学》2022 年第 5 期。

部分，更是统筹推进依规治党与依法治国、推动法治中国建设的关键环节。从学术研究的角度来看，对监察法规制定原理和技术的系统性探讨具有重要的理论价值和实践意义。首先，需要从法理层面科学界定监察法规的性质、内涵与外延，厘清其与党内法规、行政法规等其他规范体系的边界与联系。其次，应深入提炼监察法规制定的基本原则，如权责一致原则、程序正当原则等，以确保其内容的合法性与合理性。此外，还需对监察法规的制定权限、制定程序及表述技术进行细致研究，以提升其规范性和可操作性。这一研究不仅能够填补当前学术界在监察法规制定领域的理论空白，丰富中国特色社会主义法治理论体系，还能为监察法规的制定实践提供科学指导，推动监察工作的规范化、制度化发展。从更宏观的视角来看，监察法规的研究与实践是深化国家监察体制改革、完善党和国家监督体系的重要抓手，对于推进全面依法治国、实现国家治理体系和治理能力现代化具有深远意义。因此，加强监察法规制定的理论研究与实践探索，既是学术界的迫切任务，也是法治中国建设的现实需求。

监察法规具有法律属性和政治属性双重属性，这是它区别于其他法律法规的鲜明特征。监察法规的制定主体是国家监察委员会，国家监察委员会的定位是政治机关，因此监察法规自然带有鲜明的政治属性，主要表现为突出党的领导，突出民主集中制，突出政治效果、法律效果和社会效果的统一。同时，作为一种特殊的法律法规，它同样具有一般法律法规所共有的法律属性，突出表现为注重区分政治问题和法律问题、注重程序正义、注重拿证据说话、注重保护公民权利。因党的纪律检查委员会和作为国家机关的监察委员会合署办公，实质上一体运行，所以监察法规的政治属性和法律属性无论是在文本上还是在实际运行上，都是融为一体、密不可分的。监察法规的制定为反腐败提供了有力的法律制度支撑，有利于构建完善的监察法律法规体系，推动反腐败工作规范化、法治化、专业化、制度化，改造中国“官本位”文化的腐败土壤，实现依法治国的总体目标。基于这些重要的使命，监察法规的制定应当体现“高标准、高要求、高起点”的立法精神，厘清监察法规的制定原则、立法权限、立法程序和立法技术等重要方面，特别是要围绕立法中的重点难点问题，从理论和实践的层面探讨，提出有效的解决路径，力求每部监察法规都能成为良法。

监察法规的制定原则是监察法规制定所要遵循的基本理念、价值等框架性规定。基于监察法规的政治属性和法律属性，监察法规的制定应坚持党的领导，接受党在立法过程中的政治领导；坚持尊重和保障人权，保护被调查人的合法权利；坚持纪法贯通、法法衔接，做好监察法规和党内法规、法律法规的衔接；坚持民主立法，在立法形式和立法内容上都体现民主性。监察法规和党内法规、国家法律的衔接，是监察法规制定过程中需要重点思考的实质性问题，也是监察法规制定的难点所在。监察法规与党内法规的衔接相对比较顺畅，更多表现在文本、文书等形式内容上，而非实际运作上，因涉及反腐败的党内法规和监察法规实施的主体是同一部门、同一人员，所以在理念上必然都要坚持“惩前毖后、治病救人”、把监督作为基本职责和第一职责、“不敢腐、不能腐、不想腐”一体推进、纪法情理贯通融合等中国共产党反腐败的基本原则，在调查措施和权限、处罚尺度和标准、惩罚实施等实体和程序上都要结合起来一并进行。而监察法规与国家法律特别是与刑法、刑事诉讼法的衔接，因涉及监察委员会与公安机关、检察机关、法院等不同主体的相互配合、相互制约，则需要创制更多的制度机制，特别是在检察机关提前介入、强制措施转换、证据适用等重要方面的衔接上，应根据法治原则和实践需要进一步予以规范。

监察法规的制定主体是国家监察委员会，但从地方法规的立法实践和监察调查工作的现实需要来看，也应包括地方人大和监察委员会。目前国家监察委员会的监察法规制定权是由全国人大常委会决定授权的，其法规制定权还适时写入了立法法。全国人大常委会仅授予国家监察委员会监察法规立法权当然是出于审慎的考虑，有其现实合理性。由于中国地域广大，各地差异性大，地方各级监察委员会都结合地方实际出台了大量内部规范性文件，这些规范性文件往往成为地方监察委员会具体运作的现实依据。但如能借鉴地方法规的立法方式，进一步扩大监察法规的立法主体，赋予地方特别是省（自治区、直辖市）一级人大及监察委员会立法权，由地方监察委员会通过地方人大制定地方监察法规或单独制定监察规章，及时将地方监察委员会内部规范性文件转化为公开的法律法规文本，推动监察委员会公开运行、接受监督，有利于进一步回答好谁来监督监察委员会的问题。

监察法规的制定程序同一般法律制定的步骤类似，包括立项、起草、审查、决定、公布、备案和解释等环节，但基于监察法规制定尚未形成成熟模式的现实状况，在立法规划、政策转换、协商论证、表决程序、公布方式、实质性审查等方面还应进一步进行探索和规范，以使监察法规经得起历史和实践的检验。监察法规的制定技术应从监察法规的内容结构、形式结构、表述技术等方面加以规范、审慎设计，将其强烈的政治属性寓于法的规范结构和法言法语之中，从而使其政治属性和法律属性相得益彰、并行不悖。监察法规应符合一般法律法规的内容规范、形式结构规范，法律文本的要素应规范全面，各形式要件应按照法律文本的逻辑组合排列。监察法规的语言风格不应是政治话语或纪言纪语，而应是高度规范化、程式化的法律语言即法言法语，做到准确肯定、简洁庄重、规范严谨、逻辑严密。这些制定规范在第一部监察法规《监察法实施条例》的制定过程中得到较好体现。但要将科学精神、科学方法、立法意图等全面贯彻落实到监察法规的内容结构、形式结构、表述技术等方面，使更多监察法规成为良法、促进善治，还需经历一个过程。

在该书即将付梓之时，我想诚挚地感谢那些给予我帮助的人。特别要感谢法律出版社的编辑李军女士，她在这部著作的出版立项以及编辑工作方面付出了诸多心血。还要衷心地感谢刘长秋老师给予的大力支持，将该书纳入“上海政法学院党内法规与纪检监察研究丛书”的出版书目之中。这本书是在我的博士论文基础上修改而成的。在修订过程中，我的导师和亲朋好友给予了我极大的支持与鼓励。若没有他们的激励，我恐怕难以有勇气完成这本书。由于本人能力有限，书中难免存在一些缺点和错误。尤其是监察实践不断发展变化，书中对个别问题的认知或许未能完全跟上实践的步伐，在此恳请读者能够批评和指正。

王园

2025 年 5 月 14 日

CONTENTS 目　录

导　论

一、问题的提出

治理权力滥用导致的腐败问题是一个世界难题。[1]腐败被定义为“滥用公共权力以牟取私利”，[2]腐败以不同的形态广泛存在于世界各国，如菲律宾、印度尼西亚、泰国是“权贵资本主义”导致的腐败，印度是官僚主义导致的腐败，俄国是寡头政治产生的腐败，而我国的腐败态势整体呈现出涉及官员较多、腐败形式各异、腐败个体与团体之间存在相互影响的特点。这种腐败特征，很显然和我国多年市场经济的快速发展有着密不可分的关系。虽然计划经济时代也存在腐败，但因为国家对所有资源的高度控制及对干部的严密监控，腐败总体上空间十分有限。而市场经济与计划经济在运行规则上根本不同，其最大特点在于自由交换原则，市场上的各个主体可以通过私有的资源来换取想要的其他资源，以达到符合自己实际所需的目的。市场交易思维弥漫于社会

〔1〕 参见王世谊:《关于权力腐败与权力制约研究的几个问题》，载《中共浙江省委党校学报》2016年第1期。

〔2〕 See Arnold J.Heidenheimer, *Perspectives on the Perception of Corruption*, edited by Arnold J.Heidenheimer, Michael Johnston and Victor T.Levine, Political Corruption: A Hand Book, Transaction Publishers, 1993, p.149-164.

各阶层，官员也不例外。公权是官员的重要资源，因官员掌握资源的规模及公权与经济、社会资源的可通约性，成为不少人竞相交易的对象，于是部分官员公权私用，为个人牟取利益，这是腐败的典型特点。党的十八大之前，由于公权力的滥用，腐败模式不断升级，腐败案件由点式散发发展到结构性问题。[1]党的十八大以来，中国共产党重拳惩腐的力度在百年历史上是前所未有的，但仍有部分干部在党的十八大甚至十九大之后不收手。从 2017 年 10 月到 2021 年 10 月，全国纪检监察机关对党员和公职人员作出党纪政务处分的数量分别超过 200 万、50 万。[2]腐败影响社会资源的配置，影响民众对社会公平正义的认知和感受，危及社会的稳定，是危害党和国家健康发展的最大毒瘤。只有在保持惩治力度不减的同时，从体制机制层面深化改革、堵塞漏洞，健全反腐败的法律法规并提高其执行力，将反腐败纳入法治的轨道，才能不断提高腐败治理的能力，为经济社会持续健康发展营造良好的环境。

作为世界性大国和文明古国，中国基于本国历史传统和实际，探索出了符合自身发展的腐败治理道路。中国共产党作为高度制度化的政党，有百年的制度化反腐经验，[3]党的十八大以来，

---

〔1〕 参见李森:《国家监察委员会职权的立法配置与逻辑思考》，载《首都师范大学学报(社会科学版)》2017 年第 5 期。

〔2〕 该数据来自电视专题片《零容忍》第五集《永远在路上》。

〔3〕 参见孙新生:《中国共产党百年拒腐防变制度化的历史经验》，载《毛泽东邓小平理论研究》2021 年第 2 期。

反腐败被摆到相当的高度，开启了通过完善党和国家监督体系以遏制腐败的新型反腐治理道路。特别是以国家监察体制改革为抓手，赋予新成立的监察委员会（以下简称监委）与政府、法院和检察院等同的地位，使其成为国家治理体系的重要一角，并重新定位其监察权，即从单纯的监督权转化为监督制衡权，从而使我国呈现出行政权、司法权、监察权相互制约的格局，形成了拒腐防变的新体制机制。〔1〕

监察制度的改革需要以法为支撑。"立法是国情的产物"〔2〕，任何国家在特定的阶段，都要产生适应国家发展需要、为国家发展提供规范性保障的立法，揭示这种符合具体国情、极具特色的立法特征，对于立法理论的发展和监察工作的规范意义重大。在监察体制改革的背景下，监察立法工作作为其中必不可少的一环，被提上了重要议事日程。《监察法》的出台具有标志性的意义，它成为我国国家层面最新的反腐总纲，其实质是反腐败国家立法，不仅为实务领域的监察工作提供了法治框架，而且为后续的监察法规的制定提供了立法原则。但是《监察法》的具体运作还需落实到更加细化的监察法规层面，通过监察法规将其原则性规定转化为具体的操作指南。出于监察实践的迫切需要，全国人大及其常委会没有先修改《立法法》的规定，再赋予国家监委

〔1〕 参见李森：《国家监察委员会职权的立法配置与逻辑思考》，载《首都师范大学学报（社会科学版）》2017年第5期。

〔2〕 周旺生：《立法学》，法律出版社2004年版，第28页。

监察法规的制定权限，而是以通过《关于国家监察委员会制定监察法规的决定》直接授权，[1]即使在这种情况下，我国首部监察法规《监察法实施条例》也时隔两年才正式出台，可见其创制之复杂。

作为一种新型的法律法规，监察法规尚未得到学界的充分讨论。在《监察法》出台之前，学者们主要围绕监察体制改革合宪合法等问题展开讨论。在《监察法》出台之后，学者们将关注重点转向监察机关的实体运作问题，如机构设置、权力配置及其与司法机关的关系，此外，监察法与其他法律的衔接问题也成为当前的热点。[2]2018年国家监察体制改革全面实施以来，在最新出版的代表性立法学著作中，监察法规也没有作为特定的研究对象。[3]可见，目前关于监察法规的理论研究不足，对监察法规立法的系统研究处于空白状态。在学术界现有关于监察法规的研究中，一些学者认为监察法规与一般法律法规性质类似，可以套用行政法规等法律法规对监察法规的性质和制定进行界定，但这种观点忽略了监察法规是在国家监察体制改革的大背景下应运出台的，国家监察体制改革一定程度上重构了我国的政治体制，将“一

〔1〕《关于国家监察委员会制定监察法规的决定》于2019年10月26日第十三届全国人大常委会第十四次会议通过。

〔2〕参见王圭宇、豆中元:《监察法规的法律位阶问题研究》，载《上海政法学院学报(法治论丛)》2021年第6期。

〔3〕参见杨临宏:《立法学:原理、程序、制度与技术》，中国社会科学出版社2020年版，第135-241页。在该代表性立法学著作中，作者探讨了各类法律渊源形式，却未涉及监察法规。

府两院”的国家管理体制变革为“一府一委两院”。而作为国家政权重要组成部分的监委与党的纪律检查委员会(以下简称纪委)合署办公,[1]通过党的纪委接受各级党委的领导,使反腐败在党的集中统一领导下进行,因而监察法规并不仅仅具有法律属性。还有一些学者认为,监察法规和党内法规是一体的,可以参照党内法规的性质和制定来看待监察法规。这种观点虽然考虑了纪委监委合署办公、一体运作的现实,看到了监察法规和党内法规的内在联系,但忽视了监察法及监察法规将反腐败纳入法治化轨道的深远意义,忽视了监察法规区别于党内法规的特殊法律属性。实际上,监察法规本质上是党内法规的法律形式表达,是连接国家法律和党内法规的桥梁,是将反腐败纳入法治轨道的重要制度保障,既应与法律法规相衔接,符合一般法律的制定要求,具有一般法律的属性,也应与党内法规相衔接,符合党内法规的基本理念、原则要求,具有明显的政治属性。监察法规的性质和制定具有跨法和政治的鲜明特点。

监察法规作为监察法的配套法规和下位法,规定了监委具体运作的权限、程序和规则,是监察工作有序开展的重要依据,一定程度上直接决定着监察工作能否在法治轨道上运行,对于一体化推进依规治党和依法治国、推进法治中国建设具有重大而深远的影响。监察法规的制定是监察立法的重要一环,厘清监察法规的

〔1〕 参见祝捷、杜晞瑜:《论监察法规与中国规范体系的融贯》,载《上海政法学院学报(法治论丛)》2020年第3期。

基本属性是探讨监察法规制定的基础和前提，对监察法规的基本属性和制定原理、技术进行具体而深入的研究，科学界定其性质、内涵、外延，准确提炼其制定的原则，详细讨论其制定权限、制定程序和制定表述技术，对于系统研究监察法规的制定具有重要意义，不仅能够填补研究空白，具有一定的学术理论价值，而且对于监察法规制定实践乃至中国法治建设具有较大的现实意义。

二、研究价值和意义

监察法规的立法研究有特殊的价值。从现实层面来讲，中国法治国家建设正在加速推进，而现代法治的要害在于良法善治，[1]实现好的治理首先要有好的法律制度，良法是善治的重要基础和前提条件。良法的核心在于其内容具有正义性，其制定要符合正义的原则，要将正义的规则充分纳入其中，只有这样才可能有助于正义目标的实现。监察法规是否能成为良法，真正体现良法之治，在一定程度上关系到中国反腐工作的有效推进和法治建设的未来。从实践来看，监察法规目前尚处于制定的初始阶段，继第一部监察法规出台之后，随着监察工作的不断发展，监察法规的立法需求也会与日俱增。因此，对监察法规的基本属性进行清晰的界定，对出现的立法问题进行及时的梳理，并对照良法

〔1〕 参见张文显：《法治与国家治理现代化》，载《中国法学》2014年第4期。

的要求深入研究监察法规的制定原则、权限、程序、技术，要有理论上的重要性和现实上的紧迫性。在我国法治体系中，监察法规的地位与行政法规、军事法规等法规相当，在建设法治中国、提高国家治理能力的进程中，其立法工作起着非常重要的作用。对监察法规的制定进行研究，是在回应现实监察工作的需求，推动国家在新型法规立法上深入探索，有利于保障监察法规的立法质量。从理论层面来说，监察法规作为一种新型的法律法规，对其属性和制定进行研究，可以丰富对法律法规内涵和外延的认识。更为重要的是，监察法规作为一种跨法和政治的法规制度，是连接党内法规和一般法律法规的桥梁纽带，对其进行深入研究，明晰其性质、制定原理和方法，有利于深化对党集中统一领导下的反腐败体制机制的认识和理解，为整合党内法规和国家法律法规的探索提供理论支撑。但关于监察法规的基本属性及其立法原理和方法，目前学界尚未形成统一认识，系统的研究还不多，存在一定程度的空白。本书尝试参与填补这一空白的研究工作，希望通过本书的研究，能为监察法规的理论研究和立法工作尽一份绵薄之力，推动我国监察法治的健全完善。

三、文献梳理

监察法规作为一种新型的法律法规，对其属性和制定进行深入研究，首先需要围绕监察法规的若干基本问题系统了解国内外的研究现状。本书主要对监察法规的定义和特征、制定主体、制定内容、制定权限、法律位阶和效力、制定程序、制定原则、制定技术，监察法规与党内法规、法律法规的关系等方面的研究成果进行较为深入地梳理，以明晰他人的研究成果和贡献，将本书的研究纳入现有的研究脉络之中，找到突破的重点和创新点，为该领域研究的深入推进作出自己的贡献。

1. 监察法规的定义

法学是一门特别注重概念的学科。[1]概念的界定有利于明确所研究的对象，是研究的起点。关于监察法规的概念，学界主要从词源、制度史和法律术语等不同视角进行讨论。关于监察法规的定义，目前主要有几种理解：一是监察法规是一种具有普遍拘束力的法规范形式，由特定机构制定，在全国监察领域内适用；[2]二是监察法规是与监察事项有关的法律规范的总称，[3]是崭新的法律渊源；三是监察法规是与党内监督法规高度交叉融合的新的制度规范体系；[4]四是监察法规是为了监察法的实施而制定的配

---

〔1〕 正如休谟所言，“概念永远先于理解，而当概念模糊时，理解也就不确实了；在没有概念的时候，必然就没有理解”。参见［英］休谟：《人性论》，关文远译，商务印书馆 1980 年版，第 189 页。

〔2〕 参见秦前红、石泽华：《监察法规的性质、地位及其法治化》，载《法学论坛》2020 年第 6 期。

〔3〕 参见何永军、李润萍：《监察法规：一个崭新的法律渊源》，载《四川警察学院学报》2020 年第 1 期。

〔4〕 参见段鸿斌：《基于党和国家监督体系的监察法规的类型化构造》，载《人大研究》2020 年第 6 期。

套法规，包括实施条例、实施细则和实施办法等。[1]以上定义虽然都涉及了监察法规的特点，但并没有指明监察法规的本质属性，其本质属性有待进一步研究。

2. 监察法规的制定主体

经过几十年的发展，我国已经形成以人大立法为核心，以行政、军事、监察等立法为补充的立法权分工体系。[2]监察立法权是制定监察法规的前提。监察法规的制定权该赋予哪些主体？或监察法规的制定主体该如何确定？其立法权限延伸至哪个级别？从执行性立法角度来讲，监察法规的制定权也是一种立法义务，负有监察法律责任的监察机关有义务作为立法执行者来保障监察法律的规定得到落实。关于监察法规的制定主体，林珊珊等学者认为是国家监委，[3]理由有二：一是根据全国人大一年召开一次的惯例，立法效率不高，难以为当前改革及时提供立法资源；二是全国人大及其常委会出台的法律法规，需要进一步细化和落实，这就需要一个专门的机关来负责，确保责任能够落实到位。关于除国家监委以外的主体是否有制定权，学者有正反两派观点：持否

〔1〕 参见朱福惠、聂辛东：《论监察法体系及其宪制基础》，载《江苏行政学院学报》2020年第5期。

〔2〕 参见聂辛东：《国家监察委员会的监察法规制定权限：三步确界与修法方略》，载《政治与法律》2020年第1期。

〔3〕 参见何永军、李润萍：《监察法规：一个崭新的法律渊源》，载《四川警察学院学报》2020年第1期；林珊珊：《监察法规的制定与地位》，载《学习时报》2019年10月30日，第2版；游钟豪、林来梵：《监察法规立法规制探讨》，载《福建师范大学学报（哲学社会科学版）》2020年第6期。

定态度的认为国家监委是监察法规的唯一合法制定主体，其他机关和部门不应当被赋予监察法规立法权，[1]但最高司法执法机关可以提供相关协助。[2]持肯定态度的学者冯铁栓认为赋予省级监委必要的监察立法权，有助于形成更加完善的监察立法体系。[3]但无论是持肯定还是否定态度的学者，对监察法规制定主体的探讨都是初步的，对赋予与否的理论依据和现实考量缺少细致深入的探讨。

3. 监察法规的制定内容

监察法规的制定内容是学者讨论的最为核心的议题之一。制定内容是一部法规的实体内容，哪些可以制定，哪些不能制定，其依据的原则和标准分别是什么，其涉及监察立法权限的分配问题，需要从理论上予以界定。林珊珊等学者认为监察法规制定要注意区分监察立法的绝对保留原则和相对保留原则。在法律绝对保留范围内，监察法规禁止在没有授权的情况下进行补充或创制，如关于相关犯罪和刑罚的事项。在法律相对保留范围内，可以根据实际情况，对监察法规有选择地作出规定，如对私有财产

〔1〕 参见何永军、李润萍：《监察法规：一个崭新的法律渊源》，载《四川警察学院学报》2020 年第 1 期；游钟豪、林来梵：《监察法规立法规制探讨》，载《福建师范大学学报（哲学社会科学版）》2020 年第 6 期。

〔2〕 参见段鸿斌：《基于党和国家监督体系的监察法规的类型化构造》，载《人大研究》2020 年第 6 期。

〔3〕 参见冯铁栓：《国家监察立法体系化论析》，载《西南政法大学学报》2019 年第 1 期。

的征收和征用，但前提是经过全国人大及其常委会的授权。[1]此外，聂辛东认为监委可以根据执行监察法律、监察直接相关法和间接相关法的需要制定监察法规，[2]并就法律的相对保留事项和监督性管理事项进行授权性立法，前提是要有全国人大常委会的专门授权。从以上分析可见，学者主要从立法原则来把握制定内容，缺少对某些具体制定内容深入而具体的分析。除上述研究内容外，还应对制定内容中涉及的重点难点问题加以研究，从点切入，为完善监察法规的实质内容提供新的视角。

4. 监察法规的法律位阶和效力

法律位阶和效力是相关法律规范在法律谱系中的效力等级，地位高的法律效力就高，地位低的法律效力就低，后者与前者抵触的无效。[3]《监察法》颁布后，由于短期内《立法法》未及时修改，导致监察法规的立法程序规范存在不足。一旦其法律位阶定位不准，将使得监察法规无法融入中国特色社会主义法律体系，即便其作为我国法律体系的一部分被制定出来，其与法律、行政法规、地方性法规等其他法律渊源之间也可能会存在“上、下、左、右”的抵牾，甚至会在执行的过程中引发争议，不利于整个国

〔1〕 参见林珊珊：《监察法规的制定与地位》，载《学习时报》2019年10月30日，第2版。

〔2〕 参见聂辛东：《国家监察委员会的监察法规制定权限：三步确界与修法方略》，载《政治与法律》2020年第1期。

〔3〕 参见何永军、李润萍：《监察法规：一个崭新的法律渊源》，载《四川警察学院学报》2020年第1期。

家法律体系的逻辑统一与内部和谐，也不利于监察法规的有效实施。目前学界对监察法规的位阶和效力的研究已经较为深入，大多认为监察法规的位阶和效力低于宪法和法律，与行政法规相当，高于部门规章和司法解释。〔1〕监察法规作为监察法的下位法，其效力在位阶上低于监察法。〔2〕但现有研究分析中，还缺乏对监察法规与监察规范性文件关系的详细讨论，而这个问题正是现阶段监察法规效力位阶中的重点问题之一，应就此问题进行专门分析。

5. 监察法规的制定程序

监察法规的制定程序是监察立法的关键要素，也是最为重要的监察程序。〔3〕参照行政法规制定的通常做法，何永军、李润萍认为监察法规的制定程序包括立项、起草、审查、决定、公布和备案审查等6个环节，跟与其位阶类似的行政法规相同。〔4〕游钟豪、林来梵认为严格意义上的监察法规制定程序仅包括起草、审查、决定和公布，为了给监察法规的制定提供程序性的规范指引，有必

---

〔1〕 参见何永军、李润萍:《监察法规：一个崭新的法律渊源》，载《四川警察学院学报》2020年第1期；王圭宇、豆中元:《监察法规的法律位阶问题研究》，载《上海政法学院学报（法治论丛）》2021年第6期；宋方青、张可:《国家监察委员会监察法规制定权：权限范围与制度构建》，载《湘潭大学学报（哲学社会科学版）》2021年第4期。

〔2〕 参见秦前红、石泽华:《监察法规的性质、地位及其法治化》，载《法学论坛》2020年第6期。

〔3〕 参见秦前红、石泽华:《监察法规的性质、地位及其法治化》，载《法学论坛》2020年第6期。

〔4〕 参见何永军、李润萍:《监察法规：一个崭新的法律渊源》，载《四川警察学院学报》2020年第1期。

要加快制定“监察法规制定程序条例”。[1]但这些研究还不够，对民主立法的重视不够。无论是监察法规草案的起草环节，还是审查环节，都应有畅通的协商和沟通机制，充分听取社会各方面的意见。同时，监察法规毕竟是个新鲜事物，还没有成熟的经验，到底该如何制定，必然涉及相关的立法技术，如监察法规的结构安排、语言表达和逻辑规范。目前还没有学者对监察法规的立法技术做出归纳和总结。《监察法实施条例》作为第一部全国性的监察法规，其体现的立法技术应当及时总结，其不足也应进行充分讨论，以为后面更大规模的监察法规立法提供有益的参考和借鉴。从现有文献来看，学者们对监察法规的整个立法步骤缺乏系统研究，而这是对监察法规制定研究非常重要的问题，有助于我们比较清晰全面地了解监察法规的具体制定程序。

6. 监察法规的制定原则

监察法规的制定原则是关于监察法规要采取何种思想理念和价值来指导其制定过程的框架结构。就一般法律的立法原则，学界提出了几种分析视角。刘风景提出审慎立法原则，认为作为法律的制定者，审慎的品德和技能是必须具备的，并且要将其体现在法律制定的制度机制上，落实到法律制定的各个环节。[2]周全、曾刚从立法收益原则来分析立法活动，提出要用经济学理性

〔1〕 参见游钟豪、林来梵：《监察法规立法规制探讨》，载《福建师范大学学报（哲学社会科学版）》2020年第6期。

〔2〕 参见刘风景：《审慎立法的伦理建构及实现途径》，载《法学》2020年第1期。

人分析方法和成本收益原理来重新塑造法学分析方法，使其更加科学精细。[1]林泰则具体对监察法的立法和实施成本收益进行了定量研究，认为监察法立法与实施在初级阶段会产生非常好的收益，但是当执行力度增加到一定程度后，其长期边际成本就会呈现递增趋势，这意味着每查处一件腐败案件，其需要支付的成本就越大；林泰还提出了监察法立法与实施成本收益定量的优化机制，探索构建成本收益的可量化与货币化指标。[2]这些原则虽然对一般法律法规具有普遍适用性，是共性的原则，但是共性不能完全取代个性。目前仍未有学者专门对监察法规的立法原则进行分析，对于监察法规的特殊性，特别是其政治属性，如突出党的领导、吸纳党内法规的理念原则，坚持纪法贯通和法法衔接原则等，并未给予充分的重视。

7. 监察法规与党内法规的关系

监察法规与党内法规的关系非常紧密，是研究监察法规不可回避的议题。学界大多从两者的制定机关、适用对象和范围等方面来分析两者的区别和联系。何永军、李润萍认为两者分属不同系统，制定主体不同，[3]前者属国家，制定主体是国家监

〔1〕 参见周全、曾刚：《立法成本收益分析的中国语境和适用路径》，载《行政与法》2019年第12期。

〔2〕 参见林泰：《监察法立法与实施的成本收益定量论》，载《广西大学学报（哲学社会科学版）》2017年第4期。

〔3〕 参见何永军、李润萍：《监察法规：一个崭新的法律渊源》，载《四川警察学院学报》2020年第1期。

委；后者属于党，由党的中央委员会及中央纪委、中央各部门和省、自治区、直辖市党的委员会制定。[1]两者的适用对象和范围有交叉，但也存在显著不同。监察法规适用于拥有公权力的公职人员，调整的是公职人员的履职行为，而党内法规适用于党的组织及其成员，调整的是党的组织构成、领导体制和党的纪律、党内监督、党内生活等相关事项。对于合署办公的纪检监察机关来说，由于"一套人马，两块牌子"，监察法规与党内法规之间具有一定的共通性，互相交叉的现象尤为明显。[2]为了履职，两者需要衔接和互补，保障纪检监察工作协调高效开展，通过在执纪执法上的协同实现对权力的有效监督，[3]并通过立法保障、组织保障和程序保障机制的完善推动纪法贯通的制度化和法治化。[4]从现有的研究来看，大多数学者主要集中讨论监察法规与党内法规的不同之处，并未完全把握两者本质上的共通之处，而这正是两者衔接的基础。因此，应对两者的同一性从理论上进行系统而深入的阐述，并结合监察实践对两者如何实现有效衔

---

〔1〕《中国共产党党内法规制定条例》第 2 条规定：党内法规是党的中央组织以及中央纪律检查委员会、中央工作机关和省、自治区、直辖市党委制定的规范党组织的工作、活动和党员行为的党内规章制度的总称。

〔2〕 参见何永军、李润萍：《监察法规：一个崭新的法律渊源》，载《四川警察学院学报》2020 年第 1 期。

〔3〕 参见李红勃：《监察法规的法律地位及其规范体系》，载《现代法学》2019 年第 5 期。

〔4〕 参见江国华、何盼盼：《国家监察纪法贯通保障机制研究》，载《中国高校社会科学》2019 年第 1 期。

接进行探讨。

8. 监察法规与法律法规的关系

监察法规是国家法律体系的一部分，与其他法律法规等存在密切联系，具有共同的特点，有衔接的理论依据和现实需要。祝捷、杜晞瑜提出应实现监察法规与其他规范体系间的融贯，其中就包括监察法规和国家法律之间的关系。[1]吴建雄认为监察法与刑事诉讼法衔接具有合宪性、合理性，应当坚持党的领导的政治理念、依宪依法的法治理念、"纪法共治"的执法理念、"反腐一体"的统筹理念等重要理念。[2]张能全认为刑事诉讼法位阶高于监察法，监察法与刑事诉讼法的位阶对接和法法衔接需要确立两者在国家法律体系中的高低位阶关系，并建立法律冲突的协调机制。[3]朱孝清则围绕监察法和刑事诉讼法衔接中涉及的证据衔接、留置与拘留转化、认罪认罚从宽制度等方面展开讨论。[4]虞浔从监察法和刑事诉讼法在检察机关提前介入、证据衔接、强制措施转化等衔接的难点和障碍角度，进行详细讨论。[5]以上观点虽然

〔1〕 参见祝捷、杜晞瑜：《论监察法规与中国规范体系的融贯》，载《上海政法学院学报（法治论丛）》2020年第3期。

〔2〕 参见吴建雄：《刑事诉讼法与监察法衔接的反腐逻辑与反腐理念》，载《新疆师范大学学报（哲学社会科学版）》2019年第3期。

〔3〕 参见张能全：《监察法与刑事诉讼法的位阶对接和法法衔接问题研究》，载《黑龙江社会科学》2019年第1期。

〔4〕 参见朱孝清：《刑事诉讼法与监察法衔接中的若干争议问题》，载《中国刑事法杂志》2021年第1期。

〔5〕 参见虞浔：《职务犯罪案件中监检衔接的主要障碍及其疏解》，载《政治与法律》2021年第2期。

大多是围绕监察法和国家法律的关系来讨论，但也适用于监察法规和国家法律的关系。现有研究主要从实体层面对监察法律法规与其他法律法规的衔接问题进行探讨，缺乏立法视角。因此，应融合立法层面和实体层面的双重视角，使问题的分析更为立体饱满。

9. 国外的反腐败立法

从国外立法来看，很多国家都对公权力监察和腐败治理进行了立法。虽然不直接用“监察”二字来命名，但起着监察的作用。美国最主要的监察法案包括：一是文官改革法，出台《调整和改革美国文官制度的法律》（也叫《彭德尔顿法》），建立公开选拔、分科设层的常任文官制，以取代政党分肥制，有效遏制追求个人私利的短期行为，以实现良法善治；[1]二是管控政治捐献的竞选经费法，《联邦选举竞争法》规定记录筹款行为和经费开支，对哪些人能够捐款、捐助的形式和金额等作出规定，促进竞选的资金运作公开透明，遏制权钱交易导致的政治腐败；三是规范公职人员政治道德和打击腐败的立法，如道德改革法，对公职人员的行为规范提出比一般民众更高的要求，列明正面和负面清单，严格规范公职人员的履职行为，同时配以更加系统严密的打击，以有效遏制腐败的蔓延。[2]欧洲各国的反腐败立法主要有集中和分散

〔1〕 参见孙哲、赵可金：《美国国会对腐败问题的治理》，载《清华大学学报（哲学社会科学版）》2009年第2期。

〔2〕 参见江国华编著：《国家监察立法研究》，中国政法大学出版社2018年版，第80—87页。

两种立法的模式。[1]前者往往倾向于制定专门反腐败法律，比较典型的是德国和法国，德国主要是以《德国刑法典》为基础建立反腐的专门性法律，法国则专门出台《预防腐败和经济生活与公共程序透明法》。[2]后者的反腐规定散见于多项法律法规中，如芬兰、瑞士和英国，英国还设立了行政监察专员制度，在议会、地方政府和卫生系统等设立监察专员，专门监察公职人员违反职务廉洁性的行为，以严密的监察监督预防腐败。在一些亚洲国家，如新加坡在打击腐败上更加注重严刑峻法，建立预防贪污、没收非法所得、严明惩戒程序等一系列法律法规，构建起对贪污行为进行严厉打击的制度规范体系，为反腐倡廉提供了充分的法律依据和保障。比较不同国家反腐败和监察法治的历史进程和制度成果，有利于深化对监察法规立法工作的认识。国外的反腐败和监察法治立法往往是基于其本国国情，虽可在理论和实践层面有所参考，但不可照搬照抄，对监察法规的制定原理和规范仍须结合我国监察法治的实践进行深入而具体的探讨。

10. 关于监察法的制定

对监察法相关研究成果进行梳理分析，有助于深化对监察法规制定的认识。综合目前学界研究成果，关于立法目的，大多认为监察法作为国家反腐败立法，其制定的根本目的是为反腐体制

〔1〕 参见何家弘、张小敏:《反腐败立法研究》，载《中国刑事法杂志》2015 年第 6 期。

〔2〕 参见宋广奇:《当代中国反腐模式转换研究》，华东师范大学 2011 年博士学位论文。

的变革提供法治保障，集中反腐的力量和资源，依规依法惩治腐败，使反腐行稳致远。关于立法原则，监察法最核心的立法原则是坚持党的集中统一领导，监察法属于依法治国的范畴，是我国监察法制的重要成果，将我国的监察事业向前推进了一大步。关于立法的模式，监察法采取了综合立法的方式，其既是实体法和程序法，也是组织法和职权法，这跟刑法和刑事诉讼法的实体法和程序法分开立法显著不同。[1]关于立法主体，监察法作为基本法律，制定主体是全国人大，在全国范围内普遍适用。关于立法程序，监察法的制定程序与一般基本法律类似，首先由中共中央作出立法决策，中央纪委牵头抓总，会同全国人大常委会法工委等有关单位共同负责起草草案，经过全国人大常委会审议并向社会公开征求意见后，[2]由全国人大审议通过。关于立法位阶，按中国法律的效力位阶排序的基本规则，其效力位阶低于作为根本大法的宪法，高于行政法规、地方性法规和各种规章，与《刑法》《刑事诉讼法》等基本法律相同。[3]监察法规是国家监委为了执行

〔1〕 参见莫纪宏：《准确把握监察法的属性》，载《中国纪检监察》2018年第7期。

〔2〕 监察法草案的制定大致经历了如下修改过程：2017年1月，中共十八届中央纪律检查委员会第七次会议决定由中央纪委牵头抓总落实监察体制改革方案，推动制定国家监察法。2017年11月，第十二届全国人大常委会第二十八次会议，对《中华人民共和国监察法（草案）》进行了审议，并在中国人大网首次公布，向社会公开征求意见。2017年12月22日，监察法草案提请十二届全国人大常委会第三十一次会议二审。2018年3月13日上午，十三届全国人大一次会议听取全国人大常委会关于监察法草案的说明，下午各代表团举行全体会议审议监察法草案。

〔3〕 参见莫纪宏：《准确把握监察法的属性》，载《中国纪检监察》2018年第7期。

监察法等法律规定或领导地方各级监委工作的需要而制定的法律规范，是对监察法的具体细化。[1]监察法规的制定应将监察法作为源头，充分借鉴学界关于监察法的相关研究成果，为监察法规的属性和制定研究奠定较为扎实的基础。

四、研究方法和行文结构

（一）研究方法

研究方法对于学术研究至关重要，研究方法不妥当，就难以对研究对象作出系统和科学的研究或深度描述。[2]本书在开展监察法规的制定研究时，主要采用以下研究方法。

第一，法注释学法。法律文本是法学研究最重要的载体，只有正确地认识、理解制度文本，才能正确地适用制度文本，把握制度实践中产生的问题，从理论上作出更好的解释。因此，在研究监察法规制定时，本书不仅对《监察法》《监察法实施条例》等直接相关的文本进行了整体性分析和逐条比对解读，也对与其密切相关的《立法法》《刑法》《刑事诉讼法》等法律文本进行了关联性分析，对相关党内法规进行了延伸性分析，力求研究和阐述全面

〔1〕 参见秦前红、刘怡达：《中华人民共和国监察法实施条例》，法律出版社 2021 年版，第 2 页。

〔2〕 参见王沪宁编：《腐败与反腐败：当代国外腐败问题研究》，竺乾威等译，上海人民出版社 1990 年版，第 9 页。

客观，为监察法规制定相关问题的研究建立坚实的基础。

第二，跨学科研究法。跨学科研究法是对不同学科的知识进行连接融合，从而扩大研究视野和研究思路、丰富研究内容，进行创造性的学术研究。监察法学的研究目前虽然取得了一些成果，但囿于该学科创建不久，研究仍缺乏系统性和完整性。[1]本书探索采用跨学科研究视角，一方面在法学学科内开展跨学科研究，即综合运用监察法学和宪法学、刑法学、刑事诉讼法学、党内法规学等学科视角进行分析研究，特别是将监察法学和刑事法学的研究视角结合起来；另一方面，在社会科学领域内开展跨学科研究，借鉴相关学科的理论范式和研究方法，为监察法规的立法研究提供一定的理论基础和支撑。

第三，价值分析研究法。价值分析研究法主要是对社会现象的价值属性进行评价，从而在批判中找到更为理想的方式，这和法学的价值判断的精神内核是相一致的。由于监察法规的立法涉及一些立法原则，监察法律体系的构建需要在特定立法原则指导下有序开展，这就使得在本研究中要特别重视价值认知和价值评价，注重将监察法规的立法反腐成效作为重要价值，同时将坚持党的领导、坚持人权保障、程序正义等价值目标统一起来，确立研究的价值基点。

第四，文献分析法。文献分析法是人文社会科学研究的基本

〔1〕 参见张云霄：《监察法学研究体系略论》，载《黑龙江省政法管理干部学院学报》2020年第1期。

分析方法，主要是通过对现有一手和二手文献的分析，[1]逐步将对研究对象的理论认识引向深入的方法。[2]本书通过查阅、收集、梳理、分析国内外关于监察法规制定研究的前沿成果，找到本书的特定研究主题，厘清研究重点，建立比较科学严密的研究框架，为本书的研究奠定较为扎实的理论基础。

（二）行文结构

本书共分为六章，重点研究监察法规的基本属性及其制定的基本问题。

第一章"监察法规的基本含义"。本章重点探讨了监察法规的基本属性，揭示监察法规跨法和政治的特点，阐明监察法规的政治属性和法律属性等双重属性，以及其对监察法规制定的意义和影响。该章为后面几章提供理论基础。

第二章"监察法规的问题检视"。本章主要探讨了目前监察法规制定中存在的主要问题，分别从监察法规制定主体较为单一、制定程序不够健全、制定技术还不够精细等方面一一检视，从而为后面几章的研究提供清晰的问题导向。

第三章"监察法规的制定原则"。本章从监察法规应当坚持党的领导、注重人权保障、坚持纪法贯通和法法衔接原则以及坚

〔1〕 参见袁方主编：《社会研究方法教程》，北京大学出版社 1997 年版，第 392 页。

〔2〕 参见吕永祥：《国家监察委员会的预防腐败职能研究》，吉林大学 2019 年博士学位论文。

持民主立法等四个方面加以阐述，这几个原则既有普通立法的共性，又有监察法规制定的个性和特色。

第四章“监察法规的制定权限”。本章探讨了作为监察法规立法主体的国家监委，全国人大与国家监委的立法权限划分，地方人大、地方监委作为监察法规立法主体的可能性以及监察法规的效力位阶。这些问题的讨论旨在厘清现有立法主体的权限及其与授权机关的互动关系，阐明其他主体作为监察法规制定主体的理论和现实依据等。

第五章“监察法规的制定程序”。本章探讨了监察法规制定程序的特征、作用和制定的步骤，同时基于监察法规制定尚未形成成熟模式的现实状况，着重探讨了如何在立法规划、政策转换、协商论证、表决程序、公布方式、实质性审查等方面进一步规范，以使监察法规经得起历史和实践的检验。

第六章“监察法规的制定技术”。本章分别从监察法规的内容结构、形式结构和表述技术等方面进行讨论，明确提出应将监察法规强烈的政治属性寓于法的规范结构和法言法语之中，从而使其政治属性和法律属性相得益彰、并行不悖。

第一章　监察法规的基本含义

监察法规是什么,其性质该如何界定,如何把握其与其他相关法律法规的区别和联系,同时监察法规的制定具有哪些立法上的意义和价值,这是研究其制定需要回答的问题。本章将围绕以上问题进行讨论,试图从法规范层面对监察法规的性质和属性进行详细的阐发和证成。

第一节　监察法规的概念

概念是反映思维对象及其本质属性的思维类型,是把握研究对象规律的分析工具,是解释研究对象与其他同类或不同类事物的思考依据。如何对监察法规进行定义,关系着我们如何理解这一研究对象以及如何为其制定提供理论基础。

一、多维视角下的监察法规

何为监察法规?从词语的语义和结构上看,监察法规是由监察和法规两个构词要素组成，其中监察是法规的限定词，表明的是法规的功能和目的。从词源角度来看，“监察法规”四字中国自古就有，其意义与现代用法已较为接近。监，属会意字，《尔雅》释为“照视”，〔1〕今有仔细看的意思。“察”指带着一双眼睛仔细看，不先入为主，一切从实际出发。《墨子·修身》云：“辨是非不察者，不足与游。”〔2〕现今“察”有察视的意思。“法”指刑法、法律，引申为常规、常理的意思，“规”为“法度、常规”。〔3〕故中国古代“监察法规”的字面含义可界定为：“明晰地辨别是非，进行照视、察看的法度和准则。”〔4〕在西方，一些学者认为，法规是具有规范性意义并构成某种规范性框架的词句组合，当它作为一个整体加以理解时更是如此，其旨在设立一种跟过去不同的规则规范，推动构成新的法治秩序，而监察作为限定词，其义是对国家领域公权力进行监督和纠治，两者合用意在表明适用于公权力监督领域的特定法规。〔5〕

从制度史的发展历程来看，中国古代监察法制形成于战国、秦、汉时期，于三国两晋南北朝和唐代不断发展，完善于宋、元、

〔1〕 参见《尔雅》，管锡华译注，中华书局2014年版，第92页。

〔2〕 《墨子·修身》，方勇译注，中华书局2015年版，第10页。

〔3〕 参见《尔雅》，管锡华译注，中华书局2014年版，第21-22页。

〔4〕 何永军、李润萍：《监察法规：一个崭新的法律渊源》，载《四川警察学院学报》2020年第1期。

〔5〕 参见［英］尼尔·麦考密克：《修辞与法治：一种法律推理理论》，程朝阳、孙光宁译，北京大学出版社2014年版，第45页。

明、清。[1]结合各个朝代监察法规的具体内容，可以将中国古代监察法规界定为皇帝发布的与监察事项有关的法律规范的总称，主要是预防和惩治官员贪污腐败；汉朝《监御史九条》和《刺史六条问事》对监察官员的配置原则、职能权限、选拔任用作出明确规定，是监察制度规范化的重要文献，对中国古代监察制度的发展产生了重要影响；唐朝《监察六条》，对监察机构、监察人员职责作出专门性的规定，其严密性、专业性已经达到相当高的程度；宋朝《诸路监司互察法》，在历代赋予监察部门监察违法官员权力的基础上，进一步将监督的范围覆盖监司内部，明确规定监司之间以及监司与属官之间要相互监督，初步回答了谁来监督监司的问题；清末形成的《钦定台规》，在承继有明一代监察法规之大成的基础上，又结合清代二百年的监察实践，对历代监察法规制度进行了系统集成，成为中国古代监察法规发展的巅峰。[2]中国古代监察法规是生成在中国文化土壤上的一种治国工具，在历史长河中，逐渐发展成为具有鲜明中国文化特色的监察法制史。然而，在中国古代专制主义的政体下，古代监察法规也呈现出两面性。一方面，它通过皇帝政令，对公权力滥用起到了相当大的限制作用，保证了其法定职能的发挥；另一方面，由于专制主义的政治体制，它的监察效应具有不稳定性和保守性。

从法律专业术语的角度来看，“监察法规”的内涵和外延与

〔1〕 参见张晋藩：《中国监察法制史稿》，商务印书馆 2007 年版，第 2 页。
〔2〕 参见张晋藩：《中国监察法制史稿》，商务印书馆 2007 年版，第 3-11 页。

“法律”“监察法”有所不同,“监察法规”的内涵大于“法律”和“监察法”。而内涵越大,外延越小,因此“监察法规”的外延最小,“监察法”次之,“法律”的外延最大。从位阶来看,监察法规是监察法的下位法,监察法是法律。从制定机关来看,监察法规的制定机关是国家监委,包括监察法在内的法律的制定机关是全国人大或全国人大常委会。

二、关于监察法规概念的评述

横看成岭侧成峰,人们对事物的认识往往不尽相同,尽管事物本身有本质属性和非本质属性之分,但何为本质属性,何为非本质属性,则是见仁见智。[1]关于立法的概念内涵,不同学者从不同角度、不同侧面往往作出不同的界定,要达成共识还有一个长期的过程。至于何为监察法规,不同学者也是众说纷纭,经过初步梳理和概括,目前主要存在四种基本观点:第一种观点认为监察法规是由特定机构制定并在全国范围的监察领域施行适用的法规范形式,具有普遍约束力。[2]第二种观点认为监察法规是由国家监委按照法定程序制定的与监察事项有关的法律规范的总称,

〔1〕 参见李秀林等主编:《辩证唯物主义和历史唯物主义原理》(第4版),中国人民大学出版社1995年版,第170页。

〔2〕 参见秦前红、石泽华:《监察法规的性质、地位及其法治化》,载《法学论坛》2020年第6期。

是一个崭新的法律渊源。[1]第三种观点认为监察法规是一种与党内法规高度交叉融合的新的制度规范体系。[2]第四种观点认为监察法规是中国特色监察法律体系的分支，是党规与国法双向承接的重要桥梁。[3]

通过不同的表述，可以看出学界对于监察法规的理解存在一定分歧。从微观上考察，第一种定义的表达比较笼统，首先并未明确制定监察法规的主体机构，而关于监察法规的制定权的归属是最为基本的问题之一，无法回避。其次，如果对监察法规制定权的归属无法确定，那么其适用范围就无法加以明确，其提出的“全国范围的监察领域施行适用”也就没有说服力。最后，如果前两者的界定都不明晰，其效力等级也就不得而知，其所说的“普遍约束力”就没有理论支撑。因此，第一种观点态度模糊，缺乏鲜明的立场。第二种观点认为监察法规是一种新型的法律渊源。这种观点虽然点出了监察法规是一种新事物，但是没有明确指出监察法规异于其他法规的本质特点，因而不够明晰有力。第三种观点指出监察法规属于一种新的制度规范体系，其独特之处在于与党内监督法规高度交叉融合。该观点不仅认为监察法规是一种新的制度

〔1〕 参见何永军、李润萍：《监察法规：一个崭新的法律渊源》，载《四川警察学院学报》2020 年第 1 期。

〔2〕 参见段鸿斌：《基于党和国家监督体系的监察法规的类型化构造》，载《人大研究》2020 年第 6 期。

〔3〕 参见祝捷、杜晞瑜：《论监察法规与中国规范体系的融贯》，载《上海政法学院学报（法治论丛）》2020 年第 3 期。

规范，与一般法律法规不同，尤其难能可贵的是，还特别敏锐地抓住了其与党内法规的内在联系，相较前几种观点，在洞见监察法规的本质上前进了一步。关于第四种观点，相关作者并没有开篇指出，而是于文末一句带过，监察法规的定义似乎不是其讨论的主要内容，但是通过这句描述，作者还是点出了监察法规的功能是扮演党规和国法之间的桥梁和纽带，抓住了监察法规这一鲜明的特质，比第三种观点又更进一步，让我们看到了监察法规概念界定的复杂性。

三、关于监察法规的界定

（一）立法性决定之下的监察法规

监察法规作为正式的法律概念，是在《关于国家监察委员会制定监察法规的决定》中出现的。一般而言，涉及立法体制的法规制定，应当通过修改《立法法》加以规定，而国家监委的监察法规制定权原本就属于这种情况。那么为什么不在《立法法》甚至《宪法》中规定？该决定的草案说明中这样解释：其一，《立法法》的修改是一套系统工程，涉及大幅度内容的调整，尤其是一些重要内容的修改，比如关于立法的指导思想、宪法和法律委员会的职责、授权立法等规定，这些内容如何修改，需要时间加以斟酌，不可轻易决定；其二，就《立法法》本身而言，该法于 2000 年颁布、2015 年修正。根据立法规则，《立法法》无论是制定还是修改，都是全国人大的专属权限，如果因为监察法规制定的相关内容予以修改，一时不会提上日程，就会导致时间上难以满足国家监委的实际工作需要。从立法性决定的历史来看，我国自设立全国人大常委会以来，就有通过决定方式配置中央和地方立法权划分的先例。[1]从立法性决定的效力来看，它是由全国人大常委会制定的，用以进一步规定、解释、修改、补充和确认相关宪法和法律问题，尽管具有“非立法性”的特点，[2]但是它仍然具有法律效力。

（二）监察法规的特征

关于监察法规的性质，本书认为监察法规是介于法律法规和党内法规之间中间形态的法规范，这是因为：第一，监察法规作为一种法规范，属于国家法律的范畴，具有法的一般特征，它的制定要遵循宪法；第二，监察法规虽归属于国家法律的范畴，但它与党内法规有密切联系，因此还带有鲜明的政治属性，需要遵循党章，这也是由宪法和党章作为根本规范的地位所决定；第三，监察法规既适用于纪委，也适用于监委，这是由纪委和监委合署办公的实体运作特点决定的，[3]而《监察法实施条例》第 3 条再次重申监

---

〔1〕 参见聂辛东：《国家监察委员会的监察法规制定权限：三步确界与修法方略》，载《政治与法律》2020 年第 1 期。

〔2〕 参见金梦：《立法性决定的界定与效力》，载《中国法学》2018 年第 3 期。

〔3〕 参见刘怡达：《论纪检监察权的二元属性及其党规国法共治》，载《社会主义研究》2019 年第 1 期。

察体制改革和监察法的精神，强调在合署办公的体制下，依纪监督和依法监察应协调一致，同步适用纪律和适用法律，并做好二者协调融合。[1]监察法规由此起着贯通纪法的桥梁纽带职责和作用。因此，监察法规带有中间法规范的特质，可以从以下几个方面进行深入理解。

首先，监察法规不是"法律"，而是"法规"。在我国，只有作为立法机关的全国人大及其常委会才有立法权。[2]基本法律由全国人大制定，基本法律以外的其他法律则可由全国人大常委会制定，这两者被视为狭义的法律。从监察法规制定的主体来看，监察法规不是狭义的法律。监察法规由国家监委制定，属于法规。按照法律的位阶顺序，法律的位阶高于法规，其效力自然也高于法规。例如，《监察法实施条例》是监察法的直接下位法，效力自然低于后者。

其次，监察法规的内涵不同于监察法和监察规范性文件。从制定机关、适用范围和立法程序上进行比较分析，监察法规与监察法和监察规范性文件存在明显的区别。从制定主体上看，监察法的制定主体是全国人大，监察法规的制定主体是国家监委，而监察规范性文件的制定主体则更为多样，各级监委及其下属部门

---

〔1〕《监察法实施条例》第3条规定：监察机关与党的纪律检查机关合署办公，坚持法治思维和法治方式，促进执纪执法贯通、有效衔接司法，实现依法监督和依法监察、适用纪律和适用法律有机融合。

〔2〕《宪法》第58条规定：全国人大和全国人大常委会行使国家立法权。《立法法》第10条第1款规定：全国人大和全国人大常委会根据宪法规定行使国家立法权。

都有权限进行创制。从适用范围上看，监察法是国家法律，具有普遍的适用性，起到的是调整监察领域的社会关系的作用，并且涉及监察主体和监察对象权利的享有和义务的履行。由于监察法规是作为“中央一级国家机构”的国家监委制定的，其效力在全国范围内普遍适用，由此显著区别于地方性法规等仅在本地域内施行适用的法规，它是对监察领域某一方面社会关系或工作的系统全面的规定。需要注意的是，监察法规与地方性法规、自治法规以及经济特区的法规等其他平行法规的关系该如何界定，特别是能否对后两者进行变通，这是在今后实践当中不可避免的问题。监察规范性文件的效力则复杂得多，有些虽未明确上升到法的层面，但在全国监察系统中普遍适用，其效力并不低于监察法规，如《监督执法工作规定》是规范监察权力行使的最为严格和最为重要的文件之一。从立法程序上看，监察法是国家法律，其立法过程先后经过法律案的提出、审议、表决和公布等四个必经阶段，监察法草案经过了三次审议，其中二审对留置措施增加了规定。〔1〕监察法规是经国家监委全体会议决定，根据其特定的制定程序而作出的。监察规范性文件则是监察机关下属部门起草，由机关主要决策层集体商议决定，一般无须向社会公开征求意见，向社会公开发布也不是必须选项；实践中大多不向社会公布，

〔1〕 根据《立法法》第32条和第33条的规定，法律案一般实行三审制后交付表决，各方面意见比较一致的，可以减为两次审议；如果调整事项较为单一或部分修改的法律案，各方面意见比较一致，或者遇有紧急情形，则只需经过一次审议。

更多是以内部文件的形式存在，不少还设有较高的密级。因而从时间和步骤来看，监察法的立法程序用时长、步骤多，监察法规次之，监察规范性文件又次于监察法规。

最后，监察法规是关于各类监察事项的法规。监察法规规范的内容，必须是跟监察领域密切相关的事项，具体包括监察主体、监察实体和监察程序等。[1]其中，与监察主体相关的主要事项包括监察机关、监察人员等，如各级监委的设置、组成，监察人员等级的设置、准入资格条件等；与监察实体相关的主要事项，包括监督、调查、处置等职责、权限、分工等；与监察程序相关的主要事项则有问题线索的收集、处置程序，及立案、调查、留置、审理等相关程序。还要提到的一点是，监察法规作为下位法，其规定的事项必须严格限制在其权限范围内，不能触及监察对象范围、监察权限设置等属于监察立法的事项。

第二节 监察法规的双重属性

法律作为基于特定经济基础的政治上层建筑，很大程度上是社会主导阶层和统治集团意志和利益的体现，反映社会主导性价值和主流意识形态，自然具有政治属性；但法律又是一种特殊的

〔1〕 参见秦前红、石泽华：《监察法规的性质、地位及其法治化》，载《法学论坛》2020年第6期。

上层建筑，其在反映统治阶级意志的同时，还要承担维护社会公共利益的基本职责，体现国家意志、公共利益和政治理性，平衡统治阶层和其他阶层的利益，平衡统治阶层自身的短期和长期利益、个别和整体利益，抑制统治阶层与社会整体利益相冲突的不合理诉求和行为，以使其成为社会各阶层普遍接受的行为规范，因而法律也具有自身独特的权威性和普遍性形式，即法律的自有属性。[1]法律的这种双重属性，如果说在一般法律法规中因其高度形式化的特点而不够明显，那么在作为新型法律法规的监察法规中则体现得更为明显。监察法规作为规制公权力的特殊法律法规类型，跨法和政治领域，具有法律和政治的双重属性，它对法的价值理念和属性的体现具有自身的鲜明特点。

一、监察法规的政治属性

国家监察体制改革的初衷是加强和确认党在反腐败工作的领导地位，通过发挥党对反腐败集中统一领导的制度优势，为实现中国式现代化清除腐败障碍。监委作为行使国家监察职能的专责机关，既不是司法机关，也不是行政机关，而是典型的政治机关，这种定位已在诸多法律法规中进行了明确规定。纪委监委合署办公、一体运行，监委在机构设置上不设党组，在组织人事上不决定

〔1〕 参见邓世豹主编:《立法学: 原理与技术》，中山大学出版社 2016 年版，第 43 页。

干部人事任免，经过纪委的直接领导而从本质上成为党的工作机构。监察体制改革的政治使命决定了监察法规具有鲜明的政治属性，集中表现为突出党的领导，突出民主集中制，突出政治效果、法律效果和社会效果的统一。

（一）突出党的领导

党领导立法符合我国特殊传统背景下的现代化转型，是我国法治对政治的承接与呼应。[1]我国是一个很早就建立起统一中央集权的早熟国家，这种政治特点决定了其一元的立法体制和“统而有序”的法律文化，在此框架之下，没有利益分化和博弈机制，因而无法产生适应现代政治民主取向的法律制度。中国立法的现代化转型不可能从西方的现代化模式中寻找理论支持，而是要立足本国国情，在尊重法治发展规律的基础上，走出一条真正有效满足本国立法需求的道路。基于此，我国自全面依法治国基本方略实施以来，明确提出党领导立法的理念，在各种重要文件和会议上又多次对“党领导立法”的精神予以强调。当前，我国将反腐视为国家的一项核心政治任务，监察法治对此作出了积极的回应。突出监察法规制定中党的领导作用，正是贯彻这种立法理念的基本思路。

---

〔1〕 参见邹阳阳:《党领导立法：道路之由、理论之元与制度之要》，载《湖湘论坛》2022年第1期。

加强党的领导是国家监察体制改革的初衷。这种集中统一的领导不仅体现在监委的成立上，更体现在监委的实际运作上。首先，监委的首要定位是党领导下的政治机关，与纪委实则一体，通过纪委接受同级党委的领导，无论是问题线索的收集和处置，初核与立案，还是留置等21项调查措施[1]的使用，监委都必须向党委特别是党委书记请示报告，需要请示报告的事项多达十余项，远远超过监委成立之前的次数，使党的领导不仅体现在结果上，也体现在过程中。其次，党对监委的领导，通过纪委作为中间环节予以实现，监委不设主任办公会议，接受纪委常委会的领导，并通过纪委常委会接受同级党委和上级监委的领导。比如，在决定立案、留置措施时，一般由纪委书记办公会、常委会进行决定。这种运作模式在监察法中有明确规定，也应该体现在监察法规的制定中，使加强党的领导的意图有法规的支撑，在第一部监察法规《监察法实施条例》中就作出了明确具体的规定。在办理案件的过程中，监委依法提请公安机关、检察机关、司法机关及国家安全机关等有关机关和单位予以协助，也体现了党的领导的制度优势，因为各单位各地区分工不分家，为了维护公权力的廉洁行使，必须通力配合、加强协作，形成治理效能。同时，按照党的工作机构设置和职能分工，相关单位各司其职，形成有效制衡，在效率和公平的

---

〔1〕 新修改的《监察法》新增了强制到案、责令候查、管护、禁闭4项监察强制措施，并将函询、调查实验这2项由实践做法上升为法定措施，使纪检监察机关可以采取的措施种类达到21项。

问题上找到最佳结合点，争取社会效益和政治效益的最大化。

（二）突出民主集中制

民主集中制是党治党治国的本中之本、制中之制。〔1〕监察法规的建设，既要在发扬民主的基础上进行有效集中，也要在党的组织集中领导和指导下尽可能实行民主，并围绕二者的结合具体展开。因此，监察法规在制定和实施时，应坚持民主集中制、集体决策。体现在纪委监委的运作上，突出表现为监督检查部门、审查调查部门、案件管理部门、案件审理部门既相互协作又相互制约，"前台"和"后台"相互分离，构筑起纪委监委内部制约机制。

民主集中制是监察工作的核心理念，也是重要基础。《监察法》第45条明确规定，监委对调查过程中的重要事项，要经过集体研究审议后，按照规定程序请示报告。〔2〕这是民主集中制在监察工作中具体且直接的体现，既强调请示报告，强化组织领导，加强集中管理，促进监察人员树立严格的程序意识，又强调必须经过集体研究，集中各方意见，发扬民主，防止领导或部门的个人专断，严格依法办事，为监察调查工作做到民主科学决策提供基本保障。〔3〕监委作为国家监察的专责机关，依法开展调查工作，必须

〔1〕 参见宋功德：《党内法规的百年演进与治理之道》，载《中国法学》2021年第5期。

〔2〕 《监察法》第45条规定：调查人员应当严格执行调查方案，不得随意扩大调查范围、变更调查对象和事项。对调查过程中的重要事项，应当集体研究后按程序请示报告。

〔3〕 参见梁晓旭：《如何理解调查过程中的重要事项应集体研究并按程序请示报告——民主集中制的具体体现》，载《中国纪检监察》2018年第16期。

接受党的领导、体现党的领导，自然也必须执行党的重要领导制度——民主集中制。实践中，调查职务违法、职务犯罪必须加强组织领导，坚持授权的同时限权。在调查处置的各个环节中，与司法执法机关的干警个人负责制不同，监委都是坚持集体研究、会议决定，从领导人员到具体办案人员都无全权负责的权限，以这种内部分权制衡的体制机制确保决策的民主科学。请示报告是党对监察工作集中统一领导的重要制度。纪检监察机关作为行使纪律检查和国家监察双重职能的专责机关，必须把请示报告作为根本组织原则。〔1〕监察法将这一重要制度落实到法律中，是继承党的优良传统的体现。在调查工作中要执行请示报告制度，不仅调查的结果应当报告，调查的过程也必须报告，在初核、立案、调查等各个环节履行严格的报批程序。调查中的重要事项，不仅应在本级监委内部逐级报告审批，还应及时向上级监委和同级党委请示报告，特别是向同级党委书记的报告，这体现同级党委的具体直接领导。调查中既不能忽略必经的程序、不考虑手段方式的合法性正当性，也不能先斩后奏，更不能造成既成事实，搞倒逼、“反管理”，要确保调查工作中上级对下级、上级监委对下级监委的领导。比如，对调查组研究提出谈话方案和外查方案，重要的谈话实行“一人一方案、一次一报批”。调查期间遇有重要事项，调查组应及时向指定负责该案的监委领导报告，必要时向监委主

〔1〕 参见何旗：《新中国成立以来党内请示报告制度建设的演进》，载《中国高校社会科学》2021 年第 2 期。

任报告调查工作进展情况，及时向指定负责该案的监委领导报告。需提请有关机关协助采取调查措施的，必须报分管领导或主要领导并得到批准。在向司法机关移送案件时，提出从宽处罚建议的，除必须考虑从宽处罚的法律规定、事实依据等要件外，还要经过严格的程序，由监察机关审理部门经过集体研究提出建议方案报经本级监委主任（纪委书记）审核同意后，再报上一级监委批准。这些规定体现了程序化、规范化、法治化的要求，是民主集中制的具体体现，也是为了把监委的权力特别是最核心最重要的调查权力管起来，使监察权不偏离正确的轨道和改革的初衷。这既是对谁来监督监委的社会关切的回答，解除公众对监委权力运用失控风险的顾虑，也是监委自身科学合理配置监察权力、严格自我监督和约束、防止权力走向反面的现实需要。监察法规作为规定监委实体运作和程序运作的法律法规文本，自然也应将民主集中制的理念予以充分体现。

（三）突出政治效果、法律效果和社会效果的统一

监察机关专职从事国家监察，属于党和国家监督的重要构成部分，不仅要承担监督调查处置的责任，也要考虑其执法调查的政治效果、社会效果，承担相应的政治责任。社会对纪委监委的通常理解在于打击腐败官员，是纪委监委对违纪违法干部作出刚性处理，甚至一些纪委监委的干部也把这作为界定自身职责的主要内容。但无论从法律法规的规定以及监察体制改革对监委的职

责定位，还是从纪委监委的历史发展及传统惯例出发，纪委监委的职责都远远不止铁腕打击，还包括更多丰富的内涵，如通过对极少数严重违纪违法干部和公职人员的查处，教育大多数干部不犯错误或少犯罪错误；对少数违纪违法情节显著轻微的干部，更多的是团结和帮助，提醒他们及时改正错误，从错误中汲取教训，并坚决改正错误，防止他们犯更大的错误，甚至走上犯罪道路；对那些严重违纪违法涉嫌犯罪的干部，也不是单纯地无情打击，对他们的错误既要依纪依法惩治，也要做好思想政治工作，争取他们及其家属、朋友认同处理结果，减少纪委监委的对立面，进而减少党的对立面。这都是巩固党的执政基础或提高执纪执法的社会效果、政治效果的题中自有之义。这些理念、原则原本更多体现在党的纪律检查机构的运作中，但监委作为与纪委一体的机构，纪委的使命自然也是监委的使命，纪委的理念原则也适用于监委，其执法处置的主旨自然也在于教育和团结犯过错误的公职人员。这也决定了监委应明确将监督作为第一职责，在实现国家监察对公职人员有形的全覆盖基础上，通过监督方式的创新，实现有效覆盖，既通过及时有效的监督发现贪腐问题线索，又通过监督督促职能部门堵塞制度和监管漏洞，防止公职人员因权力滥用而走上违法犯罪道路。这就要求监委不仅要注重法律效果，也要注意政治和社会效果，实现三者的辩证统一。

监委应坚持以人民为中心的工作理念，履行作为监督专责机关的政治义务，这是监委贯彻落实宪法精神的应有之义，同时是监委助力党风廉政建设，加强全面从严治党，推动反腐败事业持续发展的内在要求。一个案件是否查处，何时查处，查处的尺度如何把握，既要看是否符合法律要求，也要从政治上看，具体分析该案件的查处对反腐败工作大局是否有利，对党和国家事业发展全局是否有利，还要看社会接受度、满意度，能否赢得人心。而要做到这一点，要贯彻两个坚持，即坚持“惩戒与教育相结合”〔1〕，坚持“惩前毖后、治病救人”〔2〕。这两者的意思大致相同，都是指对于犯错误的公职人员要本着团结的方式来处理，在监察工作中既要强调严厉惩戒，促使涉嫌职务违法和职务犯罪人员真正从内心深处反省自己的问题，做到真心悔改，也要强调加强对监察对象的日常教育，充分发挥教育的重要预防功能，最大限度地预防职务违法和职务犯罪的发生，促使公权力依法合规运行，从而实现反腐败标本兼治的目标。

“三个效果”相统一的原则不仅仅是理念，也是实际的操作原则，而且已经体现在现实案例中。如中华全国供销合作总社原党组副书记、理事会主任刘某余严重违纪违法一案。刘某余之前长期在证券监督管理委员会、银行系统工作，其主动投案具有明显

〔1〕《监察法》第5条规定：国家监察工作严格遵照宪法和法律，以事实为根据，以法律为准绳；在适用法律上一律平等，保障当事人的合法权益；权责对等，严格监督；惩戒与教育相结合，宽严相济。

〔2〕《监察法实施条例》第4条规定：监察机关应当依法履行监督、调查、处置职责，坚持实事求是，坚持惩前毖后、治病救人，坚持惩戒与教育相结合，实现政治效果、法律效果和社会效果相统一。

的示范效应，既体现了长期反腐形成的震慑力，又可以使更多有问题的官员相信组织、主动向组织交代问题，避免一些贪腐官员负隅顽抗，不仅有利于尽快减少腐败的存量，也有利于降低纪检监察机关办案的成本。无论是政治效果还是社会效果，无疑都是较好的，体现了“三个效果”的统一。而陕西省委原书记赵某永是另一类从严从重处置的典型。他数次对党和国家最高领导人关于秦岭北麓违建别墅整治的批示无动于衷，不传达不贯彻，虚假报告、虚假整改，存在严重的失职，而且收受贿赂，被判处死刑缓期 2 年执行。而之所以对其从重量刑，既与其贪腐金额巨大有关，也与其严重违反政治纪律有关，试想如果省级主要领导干部都不服从党和国家最高领导人代表中央作出的批示，整个党和国家将无法运作，法治体系也将无从运转，因而对赵某永的处理也体现了三个效果的统一。

真正做到三个效果的统一，还应突出使用纪法情理贯通融合的科学引导方法。监察法赋予监察机关调查手段，是为了提高监委与腐败分子斗智斗勇的能力，以提高打击腐败的有效性，所以这些手段对于监委监督调查十分必要，但这些手段并不是监委可以采用的全部工作手段和方式方法。纪委监委的监督对象来自不同领域和部门，根本上是为了共同理想、信念、宗旨走在一起，目的是共同做好党和国家的工作。尽管有的干部会在大浪淘沙中犯错误甚至掉队，但不必然是党和国家的敌人。监察机关与工作对象的矛盾，大多不是敌我矛盾，而是人民内部矛盾，因而应用好思想政治工作这个方法。比如，应突出耐心细致的谈话工作，让有问题的干部把问题说清楚，给已经犯了错误的干部改正错误的机会，起到惩前毖后、治病救人的效果。实践中，纪检监察机关办案人员已采用了不少细致耐心的方法，如针对每个被审查调查人员的情况，制定专门的感化方案，让其看入党申请书，用理想信念教育唤醒其党性；与家人连线，隔空对话，用亲情感召；学习党章党规和法律法规，唤醒党纪法律意识。综合使用这些方法，最终起到治病救人的作用。无论是从各级党委对监委的定位看，还是从监委对自身职责的界定看，都强调注意将调查中发现的问题放在政治大局中来分析、研判，作出科学合理的决策，耐心细致扎实地开展工作，既树立法治意识、程序思维，把好调查的事实、程序和法律适用关，清除腐败问题、解决风险隐患，促进整个国家机器高效运转，也要传承好党的历史上形成的诸多群众工作方法和思想政治教育方法，使纪法的刚性和思想政治工作的柔性结合起来，起到相互匹配、相得益彰的综合效果。因而，在监察法规的制定中，应避免对立思维，将惩前毖后等原则理念和方式方法体现在监察法规的制定中，为其落实提供更多具体明确、可以操作的法规保障，从而更好地实现“三个效果”的统一。

二、监察法规的法律属性

监察法规是一种具有普遍约束力的法规，其法律属性既有其自身特点，又有与其他法律法规的共通之处。具体来讲，主要包括注重区分政治问题和法律问题、注重程序正义、注重拿证据说话、注重公民权利保护。

（一）注重区分政治问题和法律问题

政治和法律是人类社会生活中引人关注的两个基本问题，两者既有区别又有联系。政治是指在特定社会经济关系及其所表现的利益关系基础上，社会成员通过社会公共权力确认和保障其权利并实现其利益的一种社会关系，它涉及权力的分配、行使以及不同群体间利益的协调与博弈。而法律是人在社会共同体中为了构建共同的社会秩序而设定的权利和义务，背后有国家的强力支持，具有一定的强制性。政治有政治的运作逻辑，它强调秩序、权威和服从；法律有法律的内在逻辑，它强调权利、程序和正义。政治进步需要政治智慧，法律发展期待公平正义。政治侧重利益调节，以法律和政策的执行促进社会不同利益的妥协和协调；法律侧重平等探究，它追求保护公民的权利，以健全法治促进社会和谐。政治能够影响法律，但不应取代法律；法律具有政治功能，但不应干扰政治。政治和法律具有高度紧密的共生性和制约性，两者都是人类调控社会公共生活的规则模式。从国家统治的层面来说，法律和政治是相为表里、体用一源的关系。法律的使命是为社会的稳定提供法制支撑，实证主义法学代表凯尔森认为，“具有

‘国家’性质的统治权，体现为法律秩序的创造和执行”[1]。从国家制度体系的层面来说，法律本身就是政治的一部分。每个国家都有自己默认的政治话语。[2]法律通常被塑造为传播这种政治话语的工具，而立法就担负着利用立法技术将政治话语转化为法律规则的任务。

监察法规立法应兼顾政治要求和法律要求。政治要求包括坚持党的全面领导，做到“两个维护”，坚持中国特色社会主义制度，落实管党治党责任，推动权力在规范的轨道上运行，以人民为中心，争取民心民意的支持等诸多方面。法律要求则主要包括讲法制、讲证据、讲程序等内容。政治要求和法律要求不是相互独立、排斥甚至矛盾的，其实质上是统一的整体。监察法规应统筹兼顾政治要求和法律要求，处理好二者辩证统一的关系。越是强调政治，越是要注重法律，更加突出事实、证据和程序的重要性，增强法治思维、法治意识，否则就是扣政治帽子，反而是不讲政治、不懂政治的表现，最终会影响政治、破坏政治。监察法规作为规范监委权力运作的比较细化的具体规定，应把这些贯彻在监察法规的具体条文之中。

目前学界和实务界有一种错误的认识，认为一讲政治就不能

〔1〕［奥］凯尔森：《法与国家的一般理论》，沈宗灵译，商务印书馆2013年版，第278页。

〔2〕正如习近平总书记所言，“每一种法治形态背后都有一套政治理论，每一种法治模式当中都有一种政治逻辑，每一条法治道路底下都有一种政治立场”。参见中共中央文献研究室编：《习近平关于全面依法治国论述摘编》，中央文献出版社2015年版，第34页。

严格讲证据，就不能严格适用一些党规国法的程序。纪检监察机关作为具有鲜明政治属性的机构，讲政治或从大局上、整体上考虑问题自然占有十分突出的位置，但同时讲证据也是纪检监察工作中始终要坚持的原则和底线。讲政治是以事实证据为依据进行的性质认定，如果单纯地、片面地从政治影响、效果上进行考量，而不管事实是什么、证据有哪些，忽略程序规定，错误进行性质认定，甚至打着讲政治的名义，任意地减轻一些被调查人应受的处罚或者加重另外一些被调查人的处理，这其实是对讲政治概念和要求的曲解。在监察法规中，政治要求与法律要求本质上是一回事，它们共同构成监察法规这枚硬币的两面，既应注重把纪检监察工作放在政治和大局上进行考量，充分考虑具体调查处置事项在政治上大局上的影响和效果，确保工作方向的正确，做到服务大局，又得防止和避免以讲政治之名，行不讲政治之实，作出违背政治大局要求的行为，即"低级红、高级黑"。〔1〕

在监察法规的制定过程中，应把政治问题和法律问题区分开来。政治问题与法律问题的区分，是萨维尼等思想家的重要思想，其用意在于反对立法者在立法中表现随意和无所不能，为其作为空间设定一定的边界。"政治问题的决断应交给政治家以具有民主合法性的方式去进行，而法律问题的处理则应交由法律家

〔1〕 参见孙青松:《把讲政治的要求贯穿执纪执法全过程》，载《中国纪检监察》2019年第6期。

共同体。”[1]对于法律无明文规定的政治问题、思想问题，不受法律惩处，这也是中国改革开放以来法治建设确立的最为重要的原则之一。监察法规的制定应合理地划分政治与法律的界限：一方面，要防止“法律的政治化”，科学界定政治问题的范围，防止不顾客观规律，用政治权威压倒一切，避免政治权力在法律领域任意扩展而使得极端主义、个人主义和非法治主义盛行，导致问题无法得到法律的公平判断。另一方面，应把好政治问题法律转化的关口，既对政治问题和贪腐问题交织的案件从政治上看、从政治上进行处置，换句话说就是在贪腐案件较多的情况下，优先进行处置，并在法律规定的空间内，从重作出处置，以消除政治隐患，又设置政治问题不得向法律层面转化的屏障；对于不涉及贪腐的单纯政治问题，用党纪党规进行处置，不纳入法律处置的范畴，不进行刑事处罚，更不应涉及死刑的问题，从而使政治问题的处置始终在法治的轨道上进行，符合法治国家建设的要求，并为政治问题处置的优先性留下特定的空间。[2]

（二）注重程序正义

程序正义，也可以说是正当程序，是指在公权力主体作出任何减损公民权利的行为时，必须严格遵循程序正义理念，履行程

〔1〕 石佳友：《解码法典化：基于比较法的全景式观察》，载《比较法研究》2020年第4期。

〔2〕 参见韩大元、屠振宇、于潇：《现代宪法解释理论的发展趋势——“现行宪法理解：理论、规则与程序”学术研讨会综述》，载《法学家》2003年第2期。

序上的义务，包括事先向公民表明身份、说明该行为的事实和法律根据、听取公民的陈述和申辩、事后应告知公民相应的救济措施等，以保障当事人的程序权利，防止公权力的滥用，保障公民正当权益。需要注意的是，“正当程序”和“法定程序”有所不同，两者区别在于对程序的限定语不同，这一点很容易被混淆。“正当”是合乎公平正义、合乎情理，包含价值判断，“法定”则是按照法律法规的规定，因此二者具有不同的内涵。[1]程序正义或正当程序具有普适性，[2]是一种“看得见的正义”，通过设计一些合理的方法与步骤，由程序的落实予以保证。

我国宪法规定了七大类基本权利，对公民基本权利义务的实体性制度安排给予了充分的重视，但是对程序问题还是有所忽视。有学者指出，中国的宪法条文还有许多值得改进之处，如中国公民权利义务的标准和制定标准的主体以及侵权行为追究的方式等程序性前提规定还不够全面，需要加以完善。[3]随着法律制度体系的完善，这些问题已经得到了不少改进。监察法作为在我国法治建设已经推进数十年之后的新阶段制定的法律，对程序的重要性及程序设置不当的危害的认识十分清楚，因而在法律文本上非常重视监察程序，不仅在总则提出原则性规定，将程序法治

---

〔1〕 参见韩春晖：《如何坚持正当程序原则》，载《学习时报》2020年8月12日，第2版。

〔2〕 参见张文显：《法学基本范畴研究》，中国政法大学出版社1993年版，第56页。

〔3〕 参见季卫东：《法治秩序的建构》，中国政法大学出版社1999年版，第9页。

的理念贯穿全文，而且在重点章节进行突出强调，如为规范取证程序，保护被调查人权益，专门对监察机关使用调查措施特别是留置措施的程序提出严格的规范性要求。在落实《监察法实施条例》中，更是对 21 项监察措施的适用条件、范围、对象等作出细化的明确规定，进一步规范监察实践中存在的“手势不统一”的问题，回应社会公众对监察措施滥用的担心和顾虑，以程序的严谨性增强监察机关调查处置的正当性，让被调查人和公众更容易认可监察处置的结果。

《监察法实施条例》全文贯穿“依法”的核心思想，“依法”的字眼实际出现 240 多次，力求做到每项工作都有法可依。比如，第 61 条在“出具《商请协助采取措施函》”前的“依法”，强调此法律文书的出具要经过法定程序；〔1〕第 183 条在“国家有关执法机关”后的“依法”，强调执行要依法进行。〔2〕在今后监察法规的制定中，也应特别注重遵循程序正义，将实质性的规定分解到各项程序之中，对一些规定不够明晰、存在多种操作可能的程序进一步予以细化和明确，做到监察调查工作全程各环节留痕，确保监

〔1〕《监察法实施条例》第 61 条规定：需要商请其他监察机关协助收集证据材料的，应当依法出具《委托调查函》；商请其他监察机关对采取措施提供一般性协助的，应当出具《商请协助采取措施函》。商请协助事项涉及协助地监察机关管辖的监察对象的，应当由协助地监察机关按照所涉人员的管理权限报批。协助地监察机关对于协助请求，应当依法予以协助配合。

〔2〕《监察法实施条例》第 183 条规定：监察机关根据调查涉嫌重大贪污贿赂等职务犯罪需要，依照规定的权限和程序报经批准，可以依法采取技术调查措施，按照规定交公安机关或者国家有关执法机关依法执行。

察权力的行使始终在严密的程序规范之中。一方面，要防止办案人员为追求结果的正确忽视程序，或片面追求办案效率、办成大案要案而权宜变通程序，使案件办理的结果建立在偶然性之上而具有极大的不确定性，最终损坏监察机关的公信力；另一方面，要通过严密的程序为被调查人的合法权利提供稳定可预期的保障，严格依法依规收集证据、确定事实，用程序说服受处置的公职人员，让公众对监察权力的运作有明确的预期、切实感受到正义。

（三）注重拿证据说话

证据是认定案件事实的依据，监察证据是监察机关依据监察法律法规规定，收集、调查、获取的用于对被调查人员政务处分或指控犯罪的事实材料。[1]根据证据学的一般原理，证据资格应当符合客观性、关联性和合法性三个基本属性[2]，它是监察机关调查工作的关键所在，所有调查工作都围绕获取证据、形成完整的证据链条进行。监察证据的类型既包括物证、书证等客观证据，也包括证人证言、被调查人供述等言词证据。基于职务违法犯罪的特点，言词证据的重要性不低于客观证据，甚至有时前者还要高于后者，但仅靠言词证据并不足以立案，必须要有相关客观证据作为佐证。用证据说话也是纪检监察机关对自身的制度性要

〔1〕 参见朱德宏：《监察证据的属性及其刑事司法判断》，载《重庆大学学报（社会科学版）》2022年第6期。

〔2〕 参见龚举文：《论监察调查中的非法证据排除》，载《法学评论》2020年第1期。

求。《监察法实施条例》第四章专门拿出第二节的篇幅对监察调查的证据进行规定：第 66 条第 1 款对证据的范围作出了规定，[1]第 68 条对职务违法和职务犯罪的证据标准进行了界定，[2]第 71—74 条对监察机关如何收集、固定证据并对证据进行审查作了规定，第 75、76 两条明确哪些证据可以直接作为监察调查证据使用，哪些还需经过审查。这些规定都体现了实事求是的要求，突出证据的客观性、关联性和合法性，进一步完善了监察法有关证据的规定，力求与刑事诉讼法保持有效的证据衔接。

作为国家法律法规体系重要构成的证据类法律法规，特别是与监察调查处理职务违法犯罪案件关系比较紧密的刑事证据法规，必然是监察调查证据制度的重要渊源。实践中，在办理职务违法犯罪案件过程中，刑事证据法规的具体规定不仅直接体现和反映在监察调查证据法规中，而且是监察调查工作实践中被借鉴参考运用最广泛、最集中的证据法规内容之一，这是因为刑事诉讼对证据的要求最高，刑事证据规则的具体规定也是监察机关调查职务犯罪的基本遵循。相比之下，监察机关对职务违法调查的要求要较低一些，可以在职务犯罪证据标准的基础上有所降低，而对违纪行为的调查则可以进一步降低要求，但其所参照的最重

---

〔1〕《监察法实施条例》第 66 条第 1 款规定：可以用于证明案件事实的材料都是证据。

〔2〕《监察法实施条例》第 68 条规定：证据必须经过查证属实，才能作为定案的根据。审查认定证据，应当结合案件的具体情况，从证据与待证事实的关联程度、各证据之间的联系、是否依照法定程序收集等方面进行综合判断。

要、最权威的标准仍然是刑事诉讼证据标准。在我国法律体系中，刑事诉讼法对证据的种类及认定标准进行了最具权威性的规定，特别是对最重要的刑事证据规则在程序法的层面予以明确，规定司法执法人员必须按照合法的程序获取证据，对非法言词证据明确实行绝对排除原则。刑事诉讼法还基于司法执法机关办案中容易出现的问题和偏差，特别是基于一些冤假错案的深刻教训，明确规定案件应重视证据，特别是客观证据，不轻信犯罪嫌疑人的口供，尤其是作为孤证的口供，这成为中国刑事证据法的基本原则。〔1〕这些原则也应作为监察法规制定特别是关于证据类型、标准等证据类监察法规制定的基本原则，为纪检监察机关工作人员在审查调查中依规依法取证提供制度遵循，将重证据、重调查贯穿纪委监委审查调查工作全过程，使审查调查置于严格的事实和证据之上。

（四）注重公民权利保护

保障人权是我国宪法的一条重要原则，体现在多部重要法律的规定中，是我国社会主义法治文明的历史性进步。监察法中的权利保障原则，正是对“人权保障原则”这一宪法性原则的具体体现和落实。权利保障原则主要是监察机关及其监察人员在依

---

〔1〕 只有犯罪嫌疑人的有罪供述而无其他证据特别是客观证据作为佐证的，犯罪嫌疑人不应被定罪并处以刑罚，但同时规定，即使没有犯罪嫌疑人的供述，而其他证据确实充分，可以形成完整证据链条的，仍然可以判定犯罪嫌疑人有罪。参见刘昕宇：《重证据不轻信口供原则须细化》，载《人民检察》2016 年第 9 期。

法履行监察职权之时，应当充分保障监察对象及其他涉案人员的生命权、财产权、人身自由权等合法权利。权利保障原则能否予以有效落实，直接关系到公民切实利益和监察权能否依法规范行使，也关系到监察结论是否公正准确，更关系到监察权公信力能否有效建立。

在程序方面，应严格遵守监察程序，将“必要性原则”体现在具体调查措施的使用中，不得侵害监察对象及其涉案人员的合法权益。必要性的判断标准是根据工作需要的限度进行严格限制。比如，查询的使用，是为了获取涉案人员与案件相关的财产信息和经济往来信息。通过查询获取涉案人员及相关人员银行、证券、房产等重要信息，监察机关可以在众多纷繁复杂、真真假假的信息中快速找到关键信息，进而找准案件的突破口，在讯问时快速击中涉案人员要害、击溃涉案人员的戒备心理和侥幸心理。同时，根据必要性原则，监察机关调取、查封、扣押的范围不应超出必要的限度，要事前制订明确的调取、查封、扣押方案，并按层级报请审批，在具体实施调查的过程中不得随意变更方案，不得随意扩大，也不得涉及其他任何与案件无关的财物、信息，对事后确定无关的财物、信息必须立即退回或解封。另外，对涉嫌严重职务犯罪的重大案件采取技术侦查措施的要求同样十分严格，只有“根据需要”，才能对此类重大案件采取技术措施调查，并在报请监察机关主要领导审批后，报同级政法委书记同意，之后才能委托有关机关具体实施。例如，讯问是对涉嫌严重职务犯罪的被留置人员的法定调查措施。基于职务犯罪的隐蔽性特点，监察调查对言词证据的依赖性非常强，而讯问笔录又是最为重要的固定言词证据的方式，因此讯问对于监察调查来讲至关重要。讯问必须遵循严格的程序规定，事前经过严格的审批，拟定讯问提纲，在特定场所进行，全程录音录像，且讯问笔录应由被调查人逐页签名、捺指印进行确认，以确保讯问笔录与被调查人的真实意思保持高度一致，这既是出于确保讯问笔录证据效力的需要，也体现了对被调查人合法权利的保护。

对公民权利的保护尤其应体现在监察调查措施特别是留置措施的使用之中，这是社会各方关注的焦点，也是探讨监察法规的法律属性绕不开的内容。用留置取代“两规”，解决了困扰中国法治建设的现实难题，本身就体现了对公民权利的法治保护，是中国自 2018 年《监察法》颁布实施以来法治建设的突破性进展之一。关于留置的时长，一般规定为 3 个月，经 2 次延长和 1 次重新计算留置时间，最长为 16 个月，但其适用有极其严格的限制。首先，其适用条件较为严格。比如，对涉嫌职务犯罪的被调查人可能判处 10 年有期徒刑以上的才可以在延长 1 次的基础上再延长 2 个月；涉嫌职务犯罪的被调查人另有与留置时的罪行不同种的重大职务犯罪或者同种的影响罪名认定、量型档次的重大职务犯罪才可以重新计算留置时间。其次，其审批的批准主体也很高，为国家监察委员会。比如，《监督法实施条例》第 130 条第 2 款规定，省级以下监察机关需要再延长留置时间的，应当逐级报送国家监察委员会。第 132 条第 2 款规定，重新计算留置时间的，国家监察委员会调查部门应当自发现之日起 5 日以内履行报批程序，省级监察机关应当自发现之日起 5 日以内报请国家监察委员会批准。《监察法实施条例》落实《监察法》关于留置的原则性要求，将实践中已经采取的做法以法规的形式进行了固化。《监察法实施条例》第 327 条第 3 款明确规定被调查人留置期限至留置到期当天结束，即使当天为节假日，也应立即结束，不得延长。但被调查人被采取责令候查、管护、留置或者禁闭措施的期间应当至期满之日为止，不得因节假日而延长。另外，《监察法实施条例》对延长留置期限也作了进一步明确规定，第 129 条第 1 款对延长留置期限的若干情形进行了列举式说明，对于符合延长条件的可以延长一次，且延长不得超过 3 个月，但这是一种特殊情况，其使用有严格限制，必须经过上级监委的严格审批。《监察法实施条例》还规定，办案人员在留置期间，对被调查人进行讯问或谈话，应妥善安排时间、控制时间长度，保证被调查人必要的休息时间，实践中一般按照“双 12 原则”进行处理，即每次讯问或谈话不得超过 12 小时，不得超过夜间 12 点。

在实体利益方面，应保护被调查人的人身权、财产权、隐私权，特别是生命权，防止发生安全事故。这点在关于留置措施的规定中体现得较为明显。按照相关规定，留置室均采取单独关押模式，留置场所中的各项基础设施都要达到消防安全标准，软包材料、电子电气产品等应符合相关要求，配备自动火情报警、自动喷淋系统和足够的消防灭火器具，配齐医疗保障设备。而且留置实行单独关押，保障被留置人饮食营养等基本生活条件，相比公安、检察院的混合关押，留置条件大幅改善。例如，对于被调查人的财产权保护，监察机关对冻结的财产应认真审查，经审查与案件无关的，应及时解冻并退还。而且即使在冻结期间，对于被调查人或相关权利人出售或变现财产的申请，只要经审查不会对国家利益、被害人利益和调查工作造成不利影响，就可以进行相关处理，这对于股票等有价证券的价值保全尤其重要，也体现了对被调查人财产权益的保障。对涉案财物等进行妥善保管，其中查明与案件无关的及时退还相关人，没收、追缴和责令退赔应依法进行，这些也体现了对公民和法人组织权利的保护。在女性权益保障方面，监委在组建审查调查组时就应考虑配备一定数量的女性工作人员，确保被调查女性对象和其他女性涉案人员的合法权益。对监委办案的调查期限在《监察法实施条例》中也作出了规定，其意义在于避免出现挂案的现象，因为有些棘手的案件，一些地方会久拖不决，这就很有可能影响当事人的权益。

此外，应赋予监察对象和其他公民相应的救济权利，如监察对象的复审复核和申诉权、监察赔偿权。监察法中关于撤销案件的规定，也是基于对一些认识偏差的纠正，无论是办案人员还是普通公众都容易产生有罪推定的思维误区，往往认为既然有人举报就很可能有问题，不然为何会被举报，但很多案例表明，出于利益冲突或其他个人原因，诬告陷害并不罕见。随着中国社会利益结构的深刻变化，兼顾各方利益的难度越来越大，一些对公共利益有促进的工作，也可能使部分人的利益受到触动。在这种情况下，不干事不作为的老好人式干部往往不太容易受到举报，而一些雷厉风行、有魄力的干部和公职人员，难免因正常履职行为或大胆的改革举措，得罪一些利益群体，从而有可能被诬告陷害。对于各种不实举报，纪检监察机关立案后如何撤销，对于相关问题线索在查证不属实后如何给予当事人澄清正名，还公职人员清白，保护公职人员的合法权利，这些问题实践中虽有若干零散性探索，但制度性规定尤其是监察法规的规定还较为欠缺。

上述讨论的事项，不少已经在第一部监察法规《监察法实施条例》中作出了细化规定，但实际情况千差万别，还有不少具体的情形及适用程序、标准以各级监委内部规范性文件的形式存在，或尚处于各地个别探索、自行把握的过程中，因此应通过监察法规的不断出台和完善，形成系统全面、有机衔接的规范体系。

第三节　跨法和政治的监察法规

监察法规一头连接党内法规，一头连接国家法律，是连接国家法律和党内法规的桥梁，是贯通规纪法、衔接纪法罪的重要制度载体。它既与法律法规相衔接，符合一般法律的制定要求，具有一般法律的属性，也与党内法规相衔接，符合党内法规的基本理念、原则要求，具有明显的政治属性。监察法规本质上是党内法规的法律形式表达，其性质和制定具有跨法和政治的鲜明特点，对于将反腐败纳入法治化轨道有着深远意义。

一、监察法规是连接党内法规和国家法律的桥梁纽带

监察法规具有政治和法律两重属性，其政治属性跟党内法规一脉相承，其法律属性与国家法律异曲同工。党内法规第一位的属性是政治属性；国家法律第一位的属性是规范性，其包含了程序正义、证据裁判、保护公民权利等规范。尽管监察法规属于法律法规的一部分，但因其与纪委等党的机构和党内法规密切相关，监察法规的性质具有鲜明的政治色彩，因而监察法规不是单纯的法律，而是具有跨规范属性的特点。[1]监察法规是一种特殊形态的法规，不同于一般的法律、行政法规和党内法规，监察法规的立法也不同于一般法律法规的立法。监察法规是党内法规和法律法规的中间形态，也是连接两者的桥梁和纽带，监察法规既具有一般法律法规的法律性，又具有党内法规的政治性。监察法规既是规范监委的，也是规范纪委的。监察法规对监委的赋权，规定的程序、规则，既适用于监委，也适用于纪委。纪委监委的运作是一体的，既受党内法规的约束，也受监察法规的约束。监察法

〔1〕 参见祝捷、杜晞瑜：《论监察法规与中国规范体系的融贯》，载《上海政法学院学报（法治论丛）》2020年第3期。

规及其上位法监察法的重大意义在于把反腐败的权力纳入法治化的轨道，使党领导下的反腐败实践整体融入国家法治体系，从而使国家法治体系因对最重要的公权力的约束而具有权威性，使法治从抽象的理念转化为具体的实践。

二、监察法规是党内法规的法律表达形式

监察法规本质上体现的是依法治国，党内法规体现的是依规治党，二者一体两面，在法理上相互交融，在实践中联系密切，党规国法的衔接协调是题中自有之义，也是中国法治建设的必然要求。[1]党的十九大报告提出“依法治国和依规治党有机统一”，监察法规和党内法规是共同致力于我国社会主义法治国家建设的两种重要法制力量。基于监察体制改革确立的新的反腐体制机制，监察法律法规和党内法规具有高度的同一性，具体表现在部门和人员的同一性，程序、调查措施和权限的同一性，处罚尺度和标准的同一性，惩罚实施的同一性。

（一）部门和人员的同一性

纪委与监委一体运行，受党委领导，向其全面负责，承担执纪执法职责。监委本身不设直接受本级党委领导的党组，没有独立

〔1〕　参见冀明武：《论党内监督法规与国家法律制度的衔接——以〈中国共产党党内监督条例〉与〈监察法〉为视点》，载《江汉学术》2020年第2期。

的组织人事职能，监委主任、副主任分别由同级纪委书记、副书记兼任（国家监委与省级以下监察机构不同，其主任由中央纪委常务副书记兼任），实行一套工作机构、两个机关名称。这种方式，在人员配置上有若干好处：第一，精简机构。合署办公的好处在于不用增加在编人员，按照精简高效的机构设置和组织原则，能有效避免机构臃肿、人员庞大、工作效率低下的问题。第二，转隶时对干部的入口有较为严格的筛选把关，目的是建设一支业务本领强，具有优良的思想政治素养和重要使命担当的队伍。这次转隶到纪检监察队伍的有不少是优秀的业务人员，在各方面较好满足了对纪检监察队伍的素质要求。第三，有利于纪检监察队伍内部的互相监督。纪委的监督对象包括监委中的党员，监委的监督对象也包括纪委的公职人员，改变了过去纪委与行政监察机构之间单向监督的不对等局面，实现了两者的双向监督。[1]第四，有利于纪检监察队伍优势互补，形成合力。党内监督与国家监察在主体和行为上协调一致，高度互补、相辅相成。从央地关系来看，地方各级纪委监委对上级纪委监委负责，受其领导，保证队伍更容易在各方面保持一致，从而凝聚起比较强的协作力量。第五，调查主体合一。从《监察法》及《监察法实施条例》看，纪委监委内部监督检查部门和审查调查部门分设，前者重在监督，后者重在审查调查。但从实践来看，其在中央纪委国家监委层面的区别不

〔1〕 参见蒙慧、胥壮壮：《监察体制改革背景下纪委监委合署办公体制的构建》，载《中州学刊》2020 年第 7 期。

明显，监督检查室和审查调查室均可进行审查调查，对职务犯罪的调查更多采用调查组模式，这既可以由审查调查室牵头，也可以由监督检查室牵头，抽调相关部门人员或借调其他部门人员共同组成。这当然是出于案件数量较多且办理案件难度较大的需要，仅靠为数有限的审查调查室，根本无法满足办案需要，不利于保持惩治腐败的凌厉态势。在地方各级纪委监委层面，则有一定区分，监督检查室虽也有审查调查权，但所处理的基本是轻微的违纪违法行为，即"四种形态"所规定的第一、二种形态，对涉及作出开除党籍、政务开除以上程度处置的调查对象，也就是涉及"四种形态"所规定的第三、四种形态的，监督检查室要移交审查调查室进行办理。当然，出于审查调查室人员不足等原因，由审查调查室牵头组建的审查调查组，可以抽调监督检查室人员，监督检查室和审查调查室人员力量一定程度上仍是统筹使用的。此外，还需要强调的一点是，纪委和监委一体运行的体制机制决定了违纪违法与犯罪调查主体的合一，在纪委监委内部并不区分纪委和监委人员，也不存在纪委监委人员的不同身份，纪委监委人员本身就是同一批人，其干部既是纪委人员，也是监委人员，只是根据调查违纪问题还是违法犯罪问题，而相应地进行身份的转换。

（二）程序、调查措施和权限的同一性

纪委监委通过同时运用监察法律法规和党内法律规定的权限

和措施，以步调一致、力量集中的方式达到反腐目标。不管是“小官”贪腐，还是省部级以上贪腐，都能有区别有策略地处理。自2018年国家监察体制改革全面实施以来，无论是接收的信访举报数、处置问题线索数，还是谈话函询数、立案数、处分数，都比改革之前有所增加。之所以能做到这样的高效反腐，离不开监察法律法规和党内法规在程序、调查措施和权限上的高度一致。

首先，程序功能合一。根据《监察法》第42条第1款的规定，监察机关立案时不区分职务违法与职务犯罪，可以直接以“涉嫌职务违法犯罪”立案。但更为重要的是，违纪行为和职务违法犯罪行为的审查调查程序功能也是合一的，《监察法》《监察法实施条例》规定的调查程序既适用于职务违法犯罪调查，也适用于违反党纪行为的审查。纪律处分条例和监督执纪规则规定的审查程序，同样不仅适用于纪委，也适用于监委对违法犯罪行为的调查。此外，党的十八大以来虽无明确细化制度规定，但实践中广泛使用监督执纪“四种形态”的转化，即使是对涉嫌职务犯罪的第四种形态，根据被审查调查人主观的认罪悔罪态度、主动挽回损失的现实表现等因素，仍可以回归第三种形态即党纪政务重处分，从而进一步消除了职务违法犯罪调查和违纪审查的界限，这也从一个侧面说明了审查调查合一的程序。由于纪检监察机关有权进行四种形态的相互转化，因此其自然有权对部分犯罪行为不移送审查起诉。这些做法之所以在实践中广泛使用，既是对认罪认罚从宽、辩诉交易等法律理念和实践做法的参照，也是基于贪腐案件依然易发多发的现实状况。只有在严格限制的情况下，允许四种形态处置之间的适度转化，才能将打击的重心局限在少数干部和公职人员身上，降低纪检监察机关审查调查的成本，确保以最小的代价实现最大的惩治震慑和教育挽救效果。

其次，调查措施合一。《监察法》赋予监委的调查手段，虽未完全包括原检察机关反贪部门可以使用的所有调查措施，但仍然融合了公安机关和检察机关的大多数调查手段，种类比较多样，适应了监察调查的需要。在制定《监察法》时，之所以赋予监察机关这些权限，也是本着宽打窄用的原则，先将法定调查权限进行较为充分的赋予，随后出台《中国共产党纪律检查机关监督执纪工作规则》和《监察机关监督执法工作规定》等程序性规定，对纪检监察机关相关调查措施的使用进行严格规范和限制。之所以进行这种限制，是因为这些调查措施的适用范围极为广泛。同时《监察法》赋予监委的21项调查权限〔1〕也是适用于纪委的，既是对监委的赋权，也是对纪委的赋权，将纪委之前根据党内法规和政策性文件实际已经在运用的措施以法律的形式予以明确。

最后，权限具有融合性。纪委与监委的基本职责在于规范公权力的运作，前者的权限包括监督、执纪与问责，后者的权限则由监督、调查与处置构成。两者的权限一一对应，但这并不表明两者是完全相同的，而是在差异的基础上有共性，能够相互融合。

---

〔1〕 21项调查权限包括谈话、讯问、询问、查询、冻结、调取、查封、扣押、搜查、勘验检查、鉴定、留置等。

比如，关于监督权，两者的监督内容是根据自身机关性质来确定，有着清晰的界限，但监督都是二者的第一职责。关于执纪权和执法权，纪委执纪和监委执法是一体进行的，谈话、查封、扣押等都是纪委监委共同使用的调查措施，只是使用时应以监委的名义。关于问责权和处置权，虽然表述不同，但是功能相似，都是针对履职不当、渎职失责的领导干部进行问责处理。纪律检查权与监察权权力内容的融合性，为提升反腐效率、形成合力提供了良好机制。

（三）处罚尺度和标准的同一性

党纪处分和政务处分，是规制党员和公职人员行为的手段。从党纪处分来看，党章规定各级组织和全体党员都要遵守党的纪律，违反者应当依照规定受到纪律处分。从政务处分来看，全体公职人员都要履职尽责，违法者要受到相应的处分。党纪政务处分相互匹配、互为补充，分别与党内监督的范围和国家监察的范围相适应，一种处分方式有效弥补另一种处分方式可能存在的监督对象的遗漏，以强制性的处罚手段为党和国家的监督体系提供支撑和后盾。同时，党员和公职人员的身份高度交叉，大部分公职人员是党员，两者不仅要功能互补，在原则理念和实践运用中还要注重相互匹配，避免一方畸轻或畸重。

政务处分与党纪处分的匹配适用是纪检监察机关实践中经常遇到的问题，也是社会各界较为关注的焦点。实践中，政务处分与党纪处分一般遵循“轻轻、重重”的匹配原则。一方面，党纪重处分与政务重处分搭配使用。比如，不少干部同时受到开除党籍和开除公职的重处分，二者一并使用，就属于重重匹配原则。另一方面，党纪轻处分不必然搭配政务轻处分，但一般会匹配使用，以实现纪法的相互匹配[1]（见表1）。

表1　党纪处分与政务处分匹配概览

党纪处分种类	匹配情况（匹配原则：轻轻、重重）	政务处分种类
党内警告（轻处分）	党内警告与政务警告、政务记过匹配	政务警告（轻处分）
		政务记过（轻处分）
党内严重警告（轻处分）	党内严重警告与政务记过、政务记大过、政务降级匹配，个别情况下，可与政务撤职匹配适用	政务记大过（轻处分）
		政务降级（轻处分）
撤销党内职务（重处分）	撤销党内职务与政务撤职匹配	政务撤职（重处分）
留党察看（重处分）	留党察看与政务撤职匹配	
开除党籍（重处分）	开除党籍与政务撤职、开除公职匹配	开除公职（重处分）

资料来源：刘飞编著：《纪检监察实务一本通》，中国法制出版社2021年版，第35页。

注：1：免予党纪处分，也是实现纪律责任的一种方式，但不属于党纪处分种类。

2：党内严重警告影响期有三种情况：一年、一年半、两年，通常须注明具体时限。

3：政务降级与政务撤职含义不同，不属于重处分。

〔1〕　参见贾轶凡、王浩臣：《如何理解和把握〈政务处分法〉规定的政务处分与党纪处分的匹配适用？遵循“轻轻、重重”的匹配原则》，载《中国纪检监察》2020年第16期。

（四）惩罚实施的同一性

党纪处分与政务处分需同时作出、同步实施。之所以强调要在时间上保持同步，是因为党纪处分和政务处分的影响期大致相同，如果两者同时搭配起来使用，那么处分影响期就要以影响期较长的处分形式进行计算。如果两种处分作出的时间相隔太久，就会造成处分影响期事实上的延长。比如，某领导干部被给予党内严重警告处分，同时受到降级的政务处分。如果党纪政务处分同时作出、同时生效的话，对受处分人的影响期为 12 个月。如果党纪处分先行作出 3 个月后，出于某种原因，监察机关才作出政务处分，这种迟滞将使受处分人的影响期实际上达到 15 个月，延长了 3 个月。因此，在监察法规立法中要高度关注处分作出时间给被处分人带来的影响，确保被处分人的合法权利得到保障，确保处分的权威性和严肃性得到维护。此外，实践中还存在一些两者衔接不畅的问题，如监委调查与纪委审查同时进行时的证据衔接问题，同步作出党纪政务处分的程序衔接问题，以及党纪政务处分如先行作出，如何与司法判决结果特别是无罪判决结果的适用衔接问题，等等。[1]这些都是监察法规下一步制定中需要重点关注的问题。

---

〔1〕 参见秦前红、张晓瑜：《政务处分与党纪处分适用衔接的若干问题》，载《中南民族大学学报（人文社会科学版）》2021 年第 1 期。

三、监察法规是特殊的法律法规形态

监察法规首先是法律法规，与刑法、刑事诉讼法等法律规定的内容相衔接，将其理念原则融入监察法规之中，仍是监察法规作为法律法规的本质性要求。监察机关被授予监督、调查和处置三大职责，如果说在监督上主要适用党内监督的理念原则和规定，那么在调查处置特别是对涉嫌职务犯罪的调查处置时，就不仅要适用监察法规定及其理念原则，也要适用刑法和刑事诉讼法的明文规定，遵循罪刑法定、罪刑相适等刑法和刑事诉讼法的理念原则，特别是罪名、罪数、犯罪构成与追诉期限等都要严格按照刑法和刑事诉讼法的明文规定，不能与其相抵触。如果依照刑法的明文规定不能构成犯罪，即使监察机关认定职务违法行为具有严重的危害性，也不能按职务犯罪处理，而只能按职务违法进行处置。在刑事诉讼法方面，应贯彻证据规则和非法证据排除原则，证据收集应符合刑事审判的标准。

但监察法规又不是一般的法律法规，与其他法律法规具有明显不同，属于特殊的法律法规。监察法规虽然与刑法和刑事诉讼法密切相关，但不属于这两者的派生法的范畴。比如，监察法律法规中规定监察机关可以对被调查人采取留置等强制措施，但在性质上与刑事诉讼法上的侦查措施不同，留置是赋予监察机关的特有强制手段，只有在职务犯罪调查程序完成后移送检察机关时，才与检察机关审查起诉程序相衔接，在监察强制措施与司法强制措施之间进行转换。而且与司法强制措施使用阶段不同的是，在留置调查阶段，基于公职人员犯罪的隐蔽复杂性和调查的艰巨性，《监察法》及其实施条例未赋予被调查人律师会见权，被调查人不能申请律师为其辩护。仅从此一个典型差异来看，监察法规虽然与刑法、刑事诉讼法在程序上衔接，而且其所规定的调查措施具有刑法、刑事诉讼法上的效果，但其并不能与这两者等同。

监察法规的特殊性还体现在：第一，监察法规融入了党内法规的内容。《监察法》规定的监察法律规范吸收了监察体制改革中党内法规、党的政策文件的内容，例如，《监察法》第6条的规定就是以法律条文形式对党的十八大以来反腐败工作思想、目标、要求的表达。再如，《监察法》第52条第1款第1项规定的对轻微职务违法行为的处置措施，也是对监督执纪“四种形态”中批评教育、“红脸出汗”要求的法律表达。第二，监察法律法规的风格也表现出强烈的政治性，这体现了监察法文本语言对党内法规语言的继承，是一种尝试性的法律语言的探索，也是区别于其他门类法律规范的特殊性表现。[1]第三，监察法律法规与涉及监督执纪工作的党内法规相呼应，将其作为规范其制定和实施的重要遵循，如《中国共产党纪律检查机关监督执纪工作规则》对纪

〔1〕 参见中共中央纪律检查委员会法规室、中华人民共和国国家监察委员会法规室编写：《〈中华人民共和国监察法〉释义》，中国方正出版社2018年版，第75页。

委监委的监督执纪执法工作进行了一体化规定，是规范纪检监察机关职责履行的最重要的制度文本之一，是监察法规的重要渊源。

第四节　监察法规的立法意义

2019年10月26日，全国人大常委会发布《关于国家监察委员会制定监察法规的决定》，明确监委有权制定监察法规，2021年9月《监察法实施条例》颁布施行，至此监察法规作为一种新的法律法规正式出现，一系列基础性的监察法规今后还将陆续出台。制定监察法规细化落实监察法，解决监察法仅作出原则性规定而实践中又迫切需要作出细化规定的问题，及时将国家监察体制改革以来特别是监察法颁布以来实践中比较成熟的做法上升到法规层面，对于依法惩治腐败意义重大。[1]

一、加强监察工作的法治化

监察法规为监察工作的法治化提供有效路径。国家监察权力衍生了国家监察权能，发挥了监察权治理的作用，对国家监察提出了法治化的需求，即用监察法来规范和保障监察职能的履

〔1〕 参见马森述：《深刻认识监察法的重大意义和科学内涵》，载《中国纪检监察》2018年第6期。

行，为监察机关提供合法性、增强效力性。[1]为了切实履行法定职责，保障监察工作平稳有序行使，监察机关既应为规范自身职权活动立法，也应为被监督对象立法。前者是为了规制自身，做到打铁自身硬，通过出台强化监察机关自我监督的监察法规，明确监察工作的权限、程序、规则，明确监察人员履职的负面清单，并规定监察人员违规违法责任的追究，以保障监察工作依规依法开展。[2]后者是为了对监察对象的履职用权行为进行规范和制约，无论是政务处分法规定的处分条目，还是监察法实施条例规定的违法犯罪行为类型，特别是 101 个监委有权管辖的罪名，实际上都划出了公职人员履职用权的负面清单即行为禁止目录，但除了这些禁止性条款，还需要尽可能地列出正面清单，为公职人员行使公权力提供指引，最大限度预防及惩治腐败。

（一）持续破解反腐败两大难题

公权力是随着国家的出现而出现的，是人们为了维系正常的社会生活，在遵守经过长期博弈而相互妥协形成的社会管理规则的基础上，将自己的部分权利让渡给政府，从而形成的有效管理社会的工具。公权力可以被政府及国家工作人员用于各种政策制定和目标实现，从而建立良好的生活秩序，保障社会正常运行，在

〔1〕 参见邱霈恩、李天昊：《监察法的法律属性及相关法理论析》，载《法治研究》2021年第1期。

〔2〕 参见李红勃：《监察法规的法律地位及其规范体系》，载《现代法学》2019年第5期。

国家体制中占有重要地位。然而，公权力是最大的腐蚀剂，具有天然的腐蚀性，一旦与私利相结合，就会成为导致腐败问题的重要源头。如何遏制公权力的滥用，向来是古今中外的难题。国家监察体制改革是我国自主探索的一条监察之路，具有鲜明的中国特色，应持续深化，以有效解决如何制约腐败的现实难题。

1. 扩大监督范围，实现公权力监督的全覆盖

监察法规规制的对象覆盖了所有行使公权力的人员，扩大了监督对象的范围。在过去的行政监察体制下，监察的范围十分狭小，局限于行政机关，诸如法院、检察院、人大、政协，以及学校和医院等单位的工作人员等则无法受到监督，造成监督真空，反腐机制存在“结构性缺陷”[1]。党的十八大以来，为了解决监督范围窄、存在盲区的问题，国家监察体制改革与党内监督的全覆盖相适应，大幅扩大了国家监察的监督范围。监察法在列举主要监察对象类型的基础上，以兜底条款的方式对监察对象的范围进行规定，不仅将过去涵盖不了的监察对象纳入监督范畴，还对理论上属于监察对象但暂时还无法实际进行监督或无必要纳入监督范围的对象预留空间，在法理上实现了对国家监察的全覆盖。[2]虽然基于监委的工作力量限制，监督仍然突出关键少数，但原则上已经可以覆盖各领域的公职人员，做到公权力延伸到哪里，就覆

〔1〕 王旭：《国家监察机构设置的宪法学思考》，载《中国政法大学学报》2017年第5期。

〔2〕 参见夏伟：《监察体制改革“纪法衔接”的法理阐释及实现路径》，载《南京师大学报（社会科学版）》2020年第1期。

盖到哪里。[1]这种原则性的规定，极大扩展了国家监察的监督外延，[2]消除了党内监督和国家监察的监督盲区，为实现党内监督和国家监察两个全覆盖提供了法理依据。但如何做到真正有效的覆盖，将这种覆盖法定化制度化，仍是监察法规要解决的重要问题。目前还有一个值得关注的难点问题，即虽然监察实现了相关人员的全覆盖，但没有包括公权力组织。虽然个体是公权力组织的组成部分和人格化代表，通过对他们的监督，可以相应实现对组织的监督，[3]但这似乎不够严密，仍可能存在漏洞和盲区，对公职人员个体的监督与对各类拥有公权力的组织的监督能否等同，如何与刑法、刑事诉讼法对单位犯罪如单位受贿罪和行贿罪的规定相衔接，如何通过对其领导人员及直接责任人的查处予以体现等问题，还需要通过监察法规予以明确规定。

2. 整合反腐败力量，提高反腐败效能

监察法律法规的施行整合了反腐力量和资源。过去与纪委合署办公的行政监察系统内设有行政监察部门和预防腐败部门，检

---

〔1〕《监察法》第15条规定的公职人员和有关人员包括：(1)中国共产党机关、人大及其常委会机关、人民政府、监委、人民法院、人民检察院、中国人民政治协商会议各级委员会机关、民主党派机关和工商业联合会机关的公务员，以及参照《公务员法》管理的人员；(2)法律、法规授权或者受国家机关依法委托管理公共事务的组织中从事公务的人员；(3)国有企业管理人员；(4)公办的教育、科研、文化、医疗卫生、体育等单位中从事管理的人员；(5)基层群众性自治组织中从事管理的人员；(6)其他依法履行公职的人员。

〔2〕参见宗婷婷、王敬波：《国家监察对象的认定标准：核心要素、理论架构与适用场域》，载《中共中央党校（国家行政学院）学报》2019年第4期。

〔3〕参见马怀德：《国家监察体制改革的重要意义和主要任务》，载《国家行政学院学报》2016年第6期。

察系统内设有反贪污、反渎职、预防职务犯罪等若干机构，机构复杂重叠，反腐资源和力量较为分散，一定程度上制约了反腐的整体效能。与此同时，纪检监察机关和检察机关各自内设的机构之间在职能衔接上也存在问题，未能形成协同配合机制。反腐体系的多元、机构职能的重合、制度构建的非匹配影响了反腐体制机制运行的总体效果。〔1〕

监察体制改革对反腐制度进行了创新的顶层设计，建立与纪委相匹配的监委作为反腐败专门机关，构建了具有深厚中华监察传统渊源并借鉴近现代各国监察有益做法的国家监察体系，形成了与分散多头、软弱低效形成鲜明对比的集中高效的反腐败机制，确保反腐败的力量更加集中和高效，有力地推动了对职务违法犯罪的查处，提升了反腐效能。比如，监察体制改革前，对于党员违纪又违法的行为，处理主体不明确；由于纪法脱节，一些地方查办职务犯罪案件“先移送司法机关后进行纪律处分”“先法律后纪律”，甚至在全国纪检监察系统案件清理中还发现一些党员“带着党籍蹲监狱”的问题，暴露了监督体系的漏洞。改革后，纯粹的党员违纪问题由纪委处理，党员违纪又违法的问题交由纪委监委来共同进行，实现了纪法双施双守。再比如，赋予监察机关法定职权和措施，为反腐提供了较为充分的法治保障。〔2〕之前纪检

〔1〕 参见刘艳红：《中国反腐败立法的战略转型及其体系化构建》，载《中国法学》2016 年第 4 期。

〔2〕 参见夏伟：《监察体制改革“纪法衔接”的法理阐释及实现路径》，载《南京师大学报（社会科学版）》2020 年第 1 期。

监察机关对职务犯罪的调查，因无明确的法定调查措施，往往运用党内法规制度规定的相关调查措施办理刑事案件，这在改革开放以来几十年打击腐败的实践中起到了显著的作用，但这种做法毕竟在法理上存在争议，在法律法规上缺少明确依据。从国家法律上赋予监委调查职务犯罪的法定权限，特别是用留置取代“两规”，使反腐在法治道路上迈出了一大步，使纪检监察机关调查职务犯罪于法有据、依法进行。

监察体制改革确立的新体制机制，为惩治腐败提供了制度保障和便利条件，但也对纪法衔接提出了更高要求。如何通过纪法的有效贯通衔接，构建以纪委监委为主干的权威高效的反腐体系，特别需要以监督为重点、以审查调查为抓手，[1]更加有力惩治贪腐行为，防止腐败问题卷土重来；此外，应将实践中行之有效的经验做法特别是政策性文件的规定上升到监察法规的高度。

（二）将反腐败纳入法治化轨道

为跳出“历史周期律”[2]，监察体制改革是一场对反腐制度的深度改革，力图以改革作为“激活”和“延续”法律生命的“手术

---

〔1〕 参见杜路：《纪检监察体制改革后如何做好“纪法衔接”》，载《人民论坛》2019 年第 23 期。

〔2〕 “历史周期律”是指世界上任何一个国家的政权都会经历兴衰治乱、往复循环呈现出的周期性现象。极端的不公导致社会的崩溃，从而达到新的相对公平，周而复始。中国的历史周期律问题，是 1945 年黄炎培先生在延安向毛泽东提出的问题。毛泽东提出跳出周期律的路径是民主，只有让人民来监督政府，政府才不敢松懈。

刀”,[1]将反腐全面纳入法治化轨道,以宪法法律规范各项监察工作,建立监察工作的法治原则、基本制度和法定程序。

确立监察法治的基本原则和制度框架。宪法和监察法规定监察机关依法独立行使监察权,不受任何组织和个人非法干预,同时监察工作的理念吸纳了司法工作的基本理念,如以事实和法律作为依据、准绳,适用法律上的平等,注重保障监察对象的合法权益。落实这些基本原则,既有利于确保监察工作有效开展,防止办案过程中遭遇不合法、不合理的干扰,提升审查调查效能,也有利于防止出现办案安全事故,杜绝冤假错案,提升监察公信力。尤其是在立法中宣示保护当事人的合法权益,符合改革尊重和保障人权的法治目标,体现了改革的时代性、实践性。同时,规定监察权力的制度框架。中国特色国家监察体制的一个重要特征就是实现了国家监察全覆盖,从立法上保障反腐败无禁区、全覆盖、零容忍。各级监委及其派驻或派出机构、人员的权责范围由法律规定。法律列举了监察机关的六大类监察对象,将监察全覆盖法定化、明晰化,为具体工作提供法律指引。

完善行使权力的法定程序。权力运行符合法定程序,这是法治的基本要求和内容。一方面,监察机关和监察人员履职时必须始终坚持合法原则,在职责范围、管辖、案件分配和人员安排方面严格遵循法律规定,不能滥用权力,不能出于不法目的、采用不

〔1〕 参见付子堂、胡夏枫:《立法与改革:以法律修改为重心的考察》,载《法学研究》2014 年第 6 期。

法方式运用权力。另一方面，监察机关和人员必须用好自由裁量权，坚持平等对待、反对选择性执法，坚持执法合情合理，防止损害当事人合法权益。[1]比如，应妥善保管涉案财物，对调取、查封、扣押的财物、文件保管得当，避免遗失、损毁或被调换，切实增强依规依纪依法履行职责的自觉性。监察权的行使是当前社会重点关注的问题，务必要在法治轨道上运行，否则一旦出现执法违法的权力失控事件，就会引发社会和媒体关注，造成恶劣影响，不仅损害纪检监察机关的公信力，甚至还会引发公众对党和国家监督体制的质疑，因为社会对纪检监察工作高度关注，其权力在改革后大幅扩大，民众对其侵犯公民、法人和其他组织合法权益的担心和警惕是必要的。这不仅要求纪检监察机关及纪检监察干部敬畏手中的权力，甚至要有如履薄冰的谨慎小心，做到慎初慎微，更为重要的是要有监督制约监察权力、防止权力走向自己的反面的制度化保证。上述这些理念、要求在现有监察法律法规中已有体现，但相关细化要求还应通过监察法规的陆续出台予以规范化、程序化。

二、构建完善的监察法律法规体系

监察法规是监察法律体系的重要组成部分。《监察法》第10

〔1〕 参见李少文:《国家监察体制改革推进反腐败工作法治化》,载《学习时报》2021年2月24日,第2版。

条规定了监察系统的双重领导关系，[1]特别是明确在案件查处上以上级监委领导为主，从而形成全国监察系统“上下一盘棋”体制。在监察法规的制定上，上级监委尤其是国家监委也居于主导地位，不仅通过不断出台制度性文件的方式规范各地的执法行为，而且进一步将这些制度性文件转化为监察法规，以法的形式规范监督调查的权限、程序、规则，这样可以有效解决各地执法尺度宽严不一、畸轻畸重等问题，从而构建以监察法为基础的全面统一的监察法律法规体系。

监察法律法规体系的建设目前为时不久，仍处于探索起步阶段，其健全完善还有一个长期的过程。监察法律法规的规范体系应包括监察主体法、监察实体法、监察程序法。所谓监察主体法，主要规定监察工作的实施主体，即监察主体应具备的资格条件等；所谓监察实体法，主要包括规范监察机关履职的实体性法规，如监察机关如何履行监督基本职责，怎么将日常监督做实，将问题发现在未发之时、消除在萌芽状态，怎么进行调查处置，其基本理念、原则、要求和调查举措、处罚类型，等等；所谓监察程序法，主要规定实施监察的程序规则，如采取留置措施，应履行哪些审批手续，准备哪些文书，经过哪些环节、流程等。这些不同类型的法规范都应通过监察法规的不断出台和制定予以实现。

〔1〕《监察法》第10条规定：国家监察委员会领导地方各级监察委员会的工作，上级监察委员会领导下级监察委员会的工作。

三、改造中国官本位文化的腐败土壤

中国社会的腐败现象带有深刻的历史文化特征。中国作为世界最早建立官僚体系的国家，虽以其分科设层、选贤任能的体制，使中国在世界上长期保持治理水平的领先地位，甚至这种科层化官僚体制还成为近代一些西方国家模仿的样板，但官员长期的优先地位，也使得官本位思想在中国文化中有着深远的影响，官职成为衡量人们社会地位、划分社会阶层的重要尺度。到了21世纪，官本位思想仍然使人们对获取权力保持极大兴趣。特别是中国仍处于传统社会向现代社会的过渡阶段，在传统社会抑制人们追求个人和家族私利的机制失灵的情况下，官本位的思想更是可能异化为“一人得道、鸡犬升天”的家族式腐败文化，拥有权位的人不关心官职本身所应担负的公共职责，而是把它作为谋取个人私利及为家人、朋友等谋利的工具，人情社会的问题急剧放大，成为滋生腐败的土壤。即使在已经完成现代化进程的现代社会，公权力也是一把“双刃剑”，一方面，其作为国家的核心构成要素，必然具有难以抗拒的强制力量，[1]这是其履行公共职能的客观需要，一定条件下也可以为大众提供更好的公共服务；另一方面，公权力正是凭借其强制力量对公民权利进行约束和干预，公权力一

〔1〕 参见杨解君：《全面深化改革背景下的国家公权力监督体系重构》，载《武汉大学学报（哲学社会科学版）》2017年第3期。

旦摆脱了监督与制约，就可能成为危害公民权利的风险源，此时权利就会成为权力的牺牲品。

制约权力是一条普遍的政治规律。权力具有天然的扩张性，特别是在金钱的腐蚀下，权力很容易异化成特权。中国古代的贤明君主，采取各种措施对权力进行限制、约束和监督，实施残酷的刑罚，如从夏朝开始就逐步确立的墨、劓、剕、宫、大辟五刑制度。然而，刑罚并不是贪官的绝对克星，刑罚的投入越多，腐败现象不一定就会越少。腐败犯罪因其与职务履行、职权行使相伴随，比一般的刑事犯罪更加迂回曲折、隐蔽隐形、不易发现，一味强调严刑峻法，刑法立法将出现边际效应递减甚至失灵现象，[1]如此悖论在世界其他国家已有先例。比如，俄罗斯政府虽然延续了苏联时代的重刑反腐方式，但与苏联实行计划经济、国家高度垄断几乎所有资源的背景大不相同，其前期虽也比较好地解决了金融寡头瓜分抢夺国有财产、垄断行业资源等问题，但反腐热潮过后，腐败并没有绝迹，甚至也不见得比过去更少，各种腐败问题仍然接连暴露，甚至涉及俄罗斯总统的一些亲信。俄罗斯等国的例子表明，单纯的刑罚惩治是远远不够的，反腐策略应从强调惩罚治标到更加注重制度和教育治本，应在保持打击力度的同时，更多把注意力放在滋生腐败的体制机制漏洞、考核奖惩机制、社会文化心理等方面，在制度建设、思想教育等方面下更大功夫，以提高腐

〔1〕 参见钱小平：《"积极治理主义"与匈牙利贿赂犯罪刑法立法转型——兼论中国贿赂犯罪刑法立法改革之方向抉择》，载《首都师范大学学报（社会科学版）》2014年第6期。

败惩治的针对性和有效性。[1]

在严惩腐败力度不变的基础上，经过基础性、根本性的制度性变革，使大多数公职人员因贪腐的成本过大而放弃贪腐的念头，使大多数民众减少对腐败的容忍度、解决人人都向往和追求特权的社会性腐败心理问题，腐败治理的拐点就可能最终到来，进而形成廉洁政府、廉洁政治、廉洁社会相互促进、良性互动的局面。[2]与该理念相契和的是，中国实行监察体制改革，从制度上构建一套完整的监察法律体系，最重要的目的就是管住权力，不让权力任性妄为，让公职人员在严密有效的监督下不敢利用公权力进行腐败，从而用法治来改造官本位的思想，从根本上解决中国腐败的问题。在文化上，监察法律法规应更加注重吸收中国传统法治文化的思想精髓，进一步贯彻落实马克思主义的刑罚观念，使法律变得更具有人文和理性色彩。比如，纪检监察机关从宽处罚建议制度，既蕴含着中国传统法治文化的精神，也体现了马克思主义的刑罚观。中华传统文化特别是儒家文化，一直强调刑以弼教，也就是说，刑罚不是最终目的，刑罚只是一种手段，用来教化人心。[3]马克思主义强调犯罪是一种异化现象，其根源在于异

---

〔1〕 参见［新西兰］杰瑞米·波普：《制约腐败——建构国家廉政体系》，清华大学公共管理学院廉政研究室译，中国方正出版社 2003 年版，第 22 页。

〔2〕 参见［瑞典］博·罗斯坦：《政府质量：执政能力与腐败、社会信任和不平等》，蒋小虎译，新华出版社 2012 年版，第 123 页。

〔3〕 参见桂梦美：《职务犯罪调查阶段认罪认罚从宽的制度逻辑与展开》，载《苏州大学学报（哲学社会科学版）》2020 年第 5 期。

化的经济、政治和社会结构，犯罪者不管做了何等错事，仍然是社会成员中的个体，大多应该也能够通过教育予以改变，如此也不会给社会持续带来危害。如何既有贪必肃、有腐必惩，不放过任何职务违法和犯罪行为，又辩证看待人性，对于犯错误的监督对象，努力做好思想转化和教育改造工作，监察法及其实施条例已作出一些规定，但这些规定还不够细化，还应出台专门的监察法规予以规范。

四、实现依法治国的总体目标

依法治权、治官是全面依法治国的要求，也是全面依法治国要解决的最大难题之一。法治之下的社会跟非法治社会相比最大的不同之一就在于公众有更加稳定的预期。在遵守法治的地方，人们能够预先对合法社会行为的规则与标准有合理的确定。人们在社会生活中，不仅可以比较稳定地预期他人的潜在行为，也可以对国家及其具体人格载体的行为有比较稳定的预期，可以知晓自己哪种行为是合理的，哪些行为将因为违规而受到惩处，并可以要求公权力行为提供相应的法律依据，以法律作为保卫自身权利的武器。而要做到这一点，系统完善、相互衔接的法律法规体系必不可少，“规则应该实际地设定可实现的行为要求，应该形成某种整体性的、一致性的行为模式，而不能是一组彼此冲突的要求的任意组合，这不是法治的状态，而是混乱的状态”[1]。

监察法规之所以必要而重要，不仅在于其是国家法律法规体系的组成部分，更在于其直接作用于公权力，因而成为国家法律法规体系中极其重要甚至关键性的组成部分之一。改革与法治是当代中国的重要时代主题。提高反腐效能、健全权力监督体系必须深化改革、依靠法治。监察体制改革的战略安排需要置于一个更为宏大的目标愿景中进行理解，监察法规体系的建设也应置于推进法治中国建设的大背景中进行谋划和推进。实践证明，通过纪委监委合署办公实现党规执行与国法执行的手段承接，做到宽严相济，有助于提升腐败治理的实效，有助于健全权力监督的体系，有助于为党的自身建设、国家经济发展、社会文化繁荣等营造良好环境。监察法规当下及今后的使命，就是为国家监察体制改革深化提供具体的程序、制度、机制、规则支撑，使反腐败更加规范化、专门化、法治化，使包括司法执法部门这一腐败的“重灾区”在内的所有公权力行使部门都能依规依法行使权力，从而使中国法治体系的建设从美好愿景变为生动现实。

---

〔1〕［英］尼尔·麦考密克：《修辞与法治：一种法律推理理论》，程朝阳、孙光宁译，北京大学出版社 2014 年版，第 21 页。

第二章　监察法规的问题检视

监察法规作为一种新型的特殊法规，与一般法律法规显著不同，它跨法和政治，同时具有党内法规和法律法规的属性，某种意义上是党内法规在国家法律层面的表达，是连接党内法规和法律法规的桥梁纽带。但正因为其特殊性，特别是目前只出台了一部监察法规《监察法实施条例》，监察法规在制定上还存在若干不够完善的问题。通过对监察法规制定的讨论，并延伸到对监察法律制定的研究，可看出若干制定上已经出现或可能出现的问题。通过梳理监察法规的制定问题，可以有针对性地进行理论分析并提出解决思路，为中国监察制度体系的健全提供有益参考。

第一节　监察法规的制定主体较为单一

制定主体是法规的制定机关。目前国家监委是监察法规的唯一法定制定主体，监察法规的制定权尚未赋予地方人大和地方监察机关，监察法规的制定主体仍然较为单一。

一、国家监委是监察法规的唯一制定主体

基于监察工作的实践，国家监委可以提出有针对性的统一规范规则，这相当于集权的立法模式。集权的立法模式排除了其他的立法主体，可能会导致监察法规有所不周延的问题。同时，集权的立法模式会压制地方监察机关工作的积极性，地方虽然能够在立法时与国家监委进行沟通，并结合本地实际情况提出立法建议，但向上级部门提出立法建议往往是较为复杂的问题，这和拥有主动的立法权大不一样，一些地方的情况大多数时候难以全部表达到位。

从我国的行政立法历程来看，[1]伴随我国经济社会的发展，现行行政立法的主体在不断扩大，地方立法权限也在不断扩大。监察法规的制定从一开始就采用集权立法模式，是因为监察体制改革还在进行之中，目前仅赋予国家监委监察法规制定权是出于审慎的考虑，但着眼长远，考虑到地方监委的现实需要，这种单一立法主体的弊端是明显的，其长远发展似乎应更多参照行政立法主体的扩展路径，逐步打破单一立法主体的局面。

---

〔1〕 我国的行政立法模式走过了从分散立法到中央集权立法再到集权的分权立法三个阶段。参见李林:《关于立法权限划分的理论与实践》，载《法学研究》1998 年第 5 期。

二、地方人大、地方监委未被赋予监察法规制定权

地方监察机关是否可以被赋予监察法规的制定权，如果可以，其必要性和合法性何在，应在何种法治框架下进行赋权和启动制定程序，才能有效融入监察法规体系，其与全国人大及其常委会制定的监察法律是何种关系等，都是要研究解决的问题。

社会主义法治国家和法治体系的建设，必须借助立法，而地方立法在其中发挥着重要作用。考虑到中国不同地域的差异性，为使国家的法律法规能够适应各地千变万化的情况，能够更好地执行和操作，各地在法定权限的范围内，可以结合当地情况制定地方性法规。特别是对于一些探索性的改革决策，现有法律往往是空白，更加需要各地人大及其常委会及时在地方立法权限范围内作出探索性的规定，为深化改革提供法律法规依据，使这成为我国地方立法的一个显著特色。

由于目前宪法、立法法、地方组织法和立法决议都未说明地方人大有监察法规制定权，该问题还需进一步讨论。[1]从实践需

---

〔1〕《地方各级人民代表大会和地方各级人民政府组织法》第49条第1、2款规定：省、自治区、直辖市的人大常委会在本级人大闭会期间，根据本行政区域的具体情况和实际需要，在不同宪法、法律、行政法规相抵触的前提下，可以制定和颁布地方性法规，报全国人大常委会和国务院备案。设区的市、自治州的人大常委会在本级人大闭会期间，根据本行政区域的具体情况和实际需要，在不同宪法、法律、行政法规和本省、自治区的地方性法规相抵触的前提下，可以依照法律法规的权限制定地方性法规，报省、自治区的人大常委会批准后施行，并由省、自治区的人大常委会报全国人大常委会和国务院备案。

要来看，对地方人大监察法规制定权的赋予，更多的是一种程序性意义。监察法规的立法议题主要由监察机关发起并具体操作，因而对地方监察机关监察规章制定权的探讨更有实质性意义，对地方监察机关监察规章制定权的探讨实际上也是在探讨地方人大及其常委会的监察法规制定权。对于是否赋予、如何赋予地方监察机关监察规章制定权，有以下两种探讨路径。

第一，监察立法权应当只赋予国家监委，[1]监察机关立法权无须下放，且不能像地方性法规和地方政府规章那样下放到设区的市，主要有如下理由：一是从上级文件的说明来看，《关于国家监察委员会制定监察法规的决定》没有提及其他层级的监察机关是否可以或应当被赋予立法权限。二是从监察工作本身来讲，由于监察工作涉及国家公职人员违纪违法犯罪问题的处置，具有严肃性，对此类问题的把握标准不适合下放到地方层面。[2]三是从确保监察工作的全国统一来看，监察事项不如行政法规管理事项那样具有明显的地域特征，监察事项更强调标准适用的统一性。监察工作适宜采用全国统一的标准，统一的标准将令处置效率更加高效化。而监察工作虽可以结合本地实际，具有一定的针

〔1〕 持该观点的学者有：江国华、何盼盼：《中国特色监察法治体系论纲》，载《新疆师范大学学报（哲学社会科学版）》2018 年第 5 期；王春业：《论赋予监察机关立法权——兼评全国人大常委会的〈决定〉》，载《浙江工商大学学报》2020 年第 4 期；秦前红、石泽华：《论依法监察与监察立法》，载《法学论坛》2019 年第 5 期。

〔2〕 参见王春业：《论赋予监察机关立法权——兼评全国人大常委会的〈决定〉》，载《浙江工商大学学报》2020 年第 4 期。

对性，但规范不统一可能会造成更大的问题。四是从立法经验和水平来看，地方监察机关相较国家监察机关，立法经验和水平明显不足，其在监督执法过程中的立法需求，可通过向国家监委提出申请或意见建议加以解决。五是从立法效率原则来看，赋予国家监委立法权有利于提高立法效率。全国人大及其常委会相比于专门机关，可能在专业性上有所欠缺，即使制定出相应的地方法规，也可能与地方实际情况不太吻合。如果由地方人大承担地方性法规的制定，所花费时间长、程序多，不利于高效反腐。既然地方人大及其常委会都不应被赋予监察法规立法权，地方监委则更不应被赋予这种立法权。秦前红认为省级监察机关制定监察规章，无论是从宪法还是现实来看，都没有足够充分的理由，并给出了国家监察权的中央事权属性、监察机关一体化的组织目标等理由。〔1〕六是从从权力配置结构看，《中国共产党党内法规制定条例》的制定主体不包括地方纪委，〔2〕出于维护纪委和监委之间的权力协调、均衡以及保障合署办公体制的效能的考虑，不宜赋予地方监委立法权。

第二，除国家监委外，省级地方监委也应被赋予必要的监察立法权，国家监委负责制定监察法规，省级监委负责制定监察规

〔1〕 参见秦前红、石泽华：《论依法监察与监察立法》，载《法学论坛》2019年第5期。

〔2〕 《中国共产党党内法规制定条例》第3条规定党内法规的制定主体包括党的中央组织、中央纪委以及党中央工作机关和省、自治区、直辖市党委，地方纪委并不在列。

章。[1]理由主要有以下几点：一是从监察工作的实践来看，监察体制改革后，监察权和监察对象的范围都极大地扩展，省级监委制定地方监察规章有其现实必要性，如省级监委与同级纪委联合发文就是典型的地方监察机关在规范供给不足的情况下自主做出的行为，从侧面说明了其刚性的监察规范需求。[2]二是从地方监察机关的定位来看，《宪法修正案（2018）》公布之后，依据《监察法》第3条明确规定，各级监委要承担起管理监察事项的责任，[3]将国家监察机关的监察职能在地方落实到位。[4]由此，地方监察机关理应被赋予监察规章立法权。三是从纪委监委合署办公的体制机制看，在这种合署办公的模式下，因实际工作需要，以纪委监委两方名义联合发文制定制度规范必不可少，如果不赋予地方监委立法权限，将有大量政策性文件一直停留在政策层面而无法上升到法的层面，可能会阻碍监察工作的规范化、透明化和法治

〔1〕 持类似观点的学者有：冯铁拴：《国家监察立法体系化论析》，载《西南政法大学学报》2019年第1期；冯铁拴：《中国监察体制改革论析：过去、现在与未来》，载《甘肃政法学院学报》2018年第2期；叶海波：《从"纪检立规"到"监察立法"：深化国家监察体制改革法治路径的优化》，载《政治与法律》2020年第8期；王建学：《监察机关立法权纵向配置研究——基于地方试点的视角》，载《四川师范大学学报（社会科学版）》2020年第5期。

〔2〕 参见王建学：《监察机关立法权纵向配置研究——基于地方试点的视角》，载《四川师范大学学报（社会科学版）》2020年第5期。

〔3〕 《监察法》第3条规定：各级监委是行使国家监察职能的专责机关，依照本法对所有行使公权力的公职人员（以下称公职人员）进行监察，调查职务违法和职务犯罪，开展廉政建设和反腐败工作，维护宪法和法律的尊严。

〔4〕 参见冯铁拴：《国家监察立法体系化论析》，载《西南政法大学学报》2019年第1期。

化建设。[1]四是从监察权力的配置来看，国家监察机关包括国家监委和地方各级监委等四个层级，后者范围更广、层级更多，数量也更多，对监察法规的需求也更大，参照监察机关的纵向设置和监察权力的纵向配置，监察法规的立法权似乎也存在纵向分解的可能。

第二节　监察法规的制定程序不够健全

从《监察法实施条例》的制定来看，监察法规的制定程序不透明的问题，具体表现在两方面：一方面，制定环节没有全部公开，公众参与程度较低；另一方面，内部存在大量的规范性文件需要转化为监察法律法规。

一、监察法规的制定公开性、参与性不够

《监察法实施条例》的起草过程中，尽管前期草案阶段未向社会公开，但国家监察委员会在立法过程中始终坚持科学立法、民主立法原则，积极探索多种公众参与途径。法规草案形成后，通过全国人大常委会法工委官网、国家监察委员会官方渠道等平

〔1〕 参见叶海波：《从“纪检立规”到“监察立法”：深化国家监察体制改革法治路径的优化》，载《政治与法律》2020年第8期。

台，面向社会广泛征求意见，为公众参与立法提供了制度化渠道，保障了公众在关键环节的知情权与参与权。在意见征集环节，立法机关通过线上反馈、书面提交、专题座谈会等多元形式，广泛收集人大代表、专家学者、基层工作者以及监察对象等不同群体的意见建议，并对这些建议进行系统梳理、深入研究，充分吸纳合理部分，同时通过立法说明、草案修订说明等方式，对重点意见的处理情况予以公开回应，体现了立法过程的民主性与科学性。然而，不可忽视的是，监察法规的立法程序在公开性与参与性上仍存在改进之处。比如，前期草案未公开，使公众难以参与立法全过程；后期虽设有意见征集期，但时间相对有限，参与主体的覆盖面也有待进一步扩大，尤其是对直接利益相关的监察对象群体，其意见表达渠道还应进一步拓宽。此外，立法过程中的动态信息反馈机制也有完善空间，若能在这些方面持续优化，将有助于进一步夯实监察法规的民意基础，增强制度的合法性与社会认同感。

监察法规在制定过程中，公众参与的程度之所以不够高，〔1〕这可能是考虑到影响监察法规制定的效率及避免引起较大争议。然而，从立法的基本规律来看，公开是参与的基础，草案公开是制定的必经程序。公开监察法规的草案应成为制定监察法规的必经

〔1〕 面向社会民众的公开环节有 2021 年 5 月 17 日国家监委发布《关于〈中华人民共和国监察法实施条例（征求意见稿）〉公开征求意见的通知》。此外，5 月 31 日，由中国政法大学国家监察与反腐败研究中心主办、中国政法大学法治政府研究院承办的“监察法实施条例（征求意见稿）”专家研讨会在北邮科技大厦举行，有关专家对草案建言献策。

程序，而且为了让公众更清楚地知道其制定过程中的具体问题，制定监察法规过程中有关的资料也应一并公开。对意见的处理不应仅限于向制定机关说明。对公众提出的意见和建议，哪些采用了、哪些没有采用，为什么没有采用，监察机关都应该向社会公布并予以简要说明。

二、内部监察规范性文件转化度不够

监察法规存在宪制合理性，监察规范性文件因其广泛存在，也具有现实合理性，但这还不意味着其具有法律意义上的形式合法性。[1]实践中，监察机关制定了大量的规范性文件，但是这些规范性文件要成为具有法律效力的监察法规还受到一些制约因素的影响。

(一) 监察体制改革以来出台的监察规范性文件

何为"监察规范性文件"[2]？首先，应看发文单位，如果发文

〔1〕 参见秦前红：《人大监督监察委员会的主要方式与途径——以国家监督体系现代化为视角》，载《法律科学（西北政法大学学报）》2020年第2期。

〔2〕 本书所指的监察规范性文件是中央纪委、国家监委、地方各级纪委和监委在履行职责过程中形成的具有普遍约束力、可以反复适用的决议、决定、意见、通知等文件。有学者提出，监察法规的界定要依循"三要素"方法：影响监察相对人权利义务、一定时期内反复适用、具有（对外）普遍约束力。参见秦前红：《人大监督监察委员会的主要方式与途径——以国家监督体系现代化为视角》，载《法律科学（西北政法大学学报）》2020年第2期。

单位是国家监委及地方监委，那么该文件毫无疑问属于国家监委及地方监委的规范性文件。其次，发文单位是除监委以外的其他单位的，比如，中共中央办公厅，如果从标题和内容来看都是纪检监察领域的相关工作，那么也应当是监委的规范性文件；如果标题和内容不是和监察工作相关，那么就不是监委的规范性文件。最后，如果文件内容涉及规范监察工作，但同时涉及纪律检查等其他工作，那也应该属于监委规范性文件，因为只要内容具有关联性，在实践中就必然会适用于监委，这源于前文多次强调的纪委监委合署办公、一体运行的体制机制。按照这些判断标准，梳理自监察法颁布施行以来，属于国家监委的规范性文件，大致包括7种（见表2）。

表2　国家监委的规范性文件概览

序号	监察规范性文件名称	发文主要内容	发文单位	发文时间
1	《国家监察委员会管辖规定（试行）》	详细列举了国家监委管辖的六大类88个职务犯罪案件罪名，根据相关法律法规和司法解释的规定，整理相关罪名的追诉立案标准，对尚未有具体立案标准的罪名明确其犯罪构成	中共中央纪委、国家监委	2018年4月
2	《公职人员政务处分暂行规定》	明确了政务处分的主体、基本原则、种类、适用规则、程序、被处分人员救济途径等重要内容	中共中央纪委、国家监委	2018年4月

续表

序号	监察规范性文件名称	发文主要内容	发文单位	发文时间
3	《中管干部违纪违法案件审理流程及文书规范(试行)》	围绕案件审核受理、提前介入审理、审理报告及起诉意见书制作、案件呈报审批、处分决定及通知函告、与司法机关衔接等15个关键环节和重点问题提出规范性意见,并附有审理中管干部违纪违法案件常用的17类23种文书式样	中共中央纪委、国家监委	2018年7月
4	《中央纪委国家监委立案相关工作程序规定(试行)》	共四章33条,对中央纪委国家监委监督检查和审查调查工作中立案、交办案件和指定管辖以及结案等相关程序进行规范,特别是明确了以事立案、对涉案人员立案、对单位立案等程序,并设计了5种相关文书格式	中共中央纪委、国家监委	2018年11月
5	《监察机关监督执法工作规定》	明确监察机关开展日常监督、谈话函询、初步核实、立案调查的审批程序,各项调查措施的使用条件、报批程序和文书手续;监察机关与司法机关、执法部门互相配合、互相制约要求,互涉案件的管辖原则,以及与检察机关在案件移送衔接、提前介入、退回补充调查等方面的协作机制等	中共中央纪委、国家监委	2019年7月
6	《纪检监察机关处理检举控告工作规则》	对被检举控告人如何正确对待检举控告作出了明确规定	中共中央办公厅	2020年1月

续表

序号	监察规范性文件名称	发文主要内容	发文单位	发文时间
7	《纪检监察机关监督检查审查调查措施使用规定》	明确中央纪委国家监委采取措施的依据、权限以及原则性、共性要求；分别对各项措施的审批权限、办理程序、工作要求以及文书格式等作出明确、细化规定；对各项措施使用情况的监督管理作出具体规定	中共中央纪委、国家监委	2022年2月

（二）监察规范性文件转化为监察法规的制约因素

监察规范性文件是具体规范监察工作的办法，使用的范围是监委内部，不具有对外公开性。目前，我国监察立法工作处于初级阶段，立法的流程多、用时长。为了满足现实监察工作推进的需要，出台大量的规范性文件来指导实践的做法具有便捷性。因此，规范性文件常常针对短期、局部、具体的问题，这些问题需要不断探索和总结经验。从规范性文件的长远价值来看，如果规范性文件中解决现实问题的办法被证明行之有效，则对其进一步进行加工升级，上升到监察法规层面，增强其稳定性，将有利于为大量的实践问题提供更加稳定可预期的解决方案。因此，监察规范性文件升格为监察法规有其必要性：第一，体现公开性。规范性文件升格为监察法规，从封闭性走向公开性，从政策性走向法律性，方便社会各方了解和监督，如此能将监察监督和社会监督、舆论监督等结合起来，降低可能对相关利益人权利的侵害，进一步提高监委和反腐败工作的公信力。第二，体现权威性。从法律效力来讲，规范性文件的效力不及监察法规。由于监察法规是法律法规，其本质是一种强制力，表现出更高的权威性。第三，体现衔接性。推进监察工作法治化，需要监察法规与刑法、刑事诉讼法等紧密衔接。《监察机关监督执法工作规定》作为规范各级监委权限及运行机制最重要的“程序法”之一，虽有部分内容已经体现在《监察法实施条例》中，但仍有部分内容未能体现，应适时通过相关监察法规的形式公开发布，接受社会各方监督。

监察规范性文件向监察法规的转化，一般需要满足两个基础和前提条件，即符合监察法规制定的程序和特定范围。[1]这个过程不是简单的转化，会遇到很多的制约因素，主要有以下几点：一是两者的语言体系不同。规范性文件使用的是政治色彩比较浓厚的话语表达方式，也就是以纪言纪语、党内法规的话语体系为主，监察规范则是讲求法言法语。二是两种语言体系的转换要求思维方式的转变，这在技术层面有一定的难度。两者制定的周期不同，规范性文件的制定快速方便，而监察法规的立法需要接受人大的监督，特别是要向社会公开，需要相对更长的时间，限制了政策性文件向监察法规的转化。三是两者的转化缺乏完善的机制。目前制定监察法规的程序和机制还处于摸索当中，出台的监察法

〔1〕 参见秦前红、石泽华：《论依法监察与监察立法》，载《法学论坛》2019年第5期。

规还很少，规范性文件要顺畅地转化为监察法规一定是要以监察法规的制定机制较为完善为基础。当前一些政策先以监察规范性文件出台有其合理性，相信随着《监察法实施条例》第一部监察法规的出台，监察法规立法规则的完善，以及各级监委对监察法规立法规则的熟悉，监察法规的制定速度将显著加快，届时监察规范性文件转化为监察法规的速度也自然会加快。

第三节　监察法规的制定技术有待完善

从第一部监察法规《监察法实施条例》看，监察法规的制定技术还有待完善，突出表现在监察法规的内容结构不够科学，没有做到细化和补充；监察法规的形式结构不够规范，如目录较简单，总则内容稍显烦琐；监察法规的表述技术不够精细，存在语言失范和逻辑失范等问题。

一、监察法规的内容结构不够科学

监察法规的内容结构不够科学，具体体现在与监察法的部分条款重复，对部分事项作出了超范围规定，部分条款规定不够细致，容易导致实践操作的不统一。

（一）与监察法的部分条款重复且有超范围规定

监察法规的约束对象包括所有行使公权力的人员，监察法规应针对其权利义务关系作出具体规定，而不应将不属于监察法规规范对象的国家机构作为相关规定的主体。《监察法实施条例》中的部分条款与监察法的有关规定重复，且以“有关部门、单位”为主语，对监察机关与司法执法部门的职权配置进行了规定。比如，《监察法实施条例》第9条第2款[1]对应《监察法》第4条第3款、第27条第3款、第37条第2款，都是对司法执法机关配合监察机关采取有关措施、提供专业技术支持进行规定，但《监察法实施条例》与《监察法》相比并没有作出进一步的细化规定，似无规定必要，且这些属于监察机关与相关部门协同配合的事项，应通过多部门联合发文的形式进行明确和规定，而不应由监察机关一家通过监察法规的形式进行规定，这原本应是各平行部门通力合作、相互配合予以实现的。其实，在《监察法实施条例》出台之前，国家监委已联合最高人民法院、最高人民检察院和公安部联合发布了《关于加强和完善监察执法与刑事司法衔接机制的意见（试行）》，对司法执法机关配合采取技术侦查等调查措施、共享相关信息、提供专业技术支持等作出了明确规定，而《监察法实施条

[1] 《监察法实施条例》第9条第2款规定：有关单位、部门应当根据监察机关的要求，依法协助采取有关措施、共享有关信息、提供相关资料和专业技术支持，配合开展监察工作。

例》本次的规定对其以法规形式进行重申和强调。

（二）部分条款规定不够细致

《监察法实施条例》中的部分条款规定不够细致，导致理论界有不同的看法，实务部门在实践中的做法不统一。主要涉及检察机关提前介入衔接、强制措施衔接和证据衔接的相关条款立法问题。

（1）监检办案“提前介入”的衔接问题

提前介入有利于监察机关监察权与检察机关司法权的衔接贯通，弥合监察权与检察权的差异及障碍。[1]然而，在理论研究方面，由于法律法规对提前介入的范围、时机及介入事项没有明确规定，对提前介入的几个主要问题仍然存在较大争议，其实践运行也具有较大差异。

其一，提前介入的案件范围不明确。在实践中，提前介入对于引导取证发挥着重要作用，是一项不可或缺的制度。当前，提前介入的类型和范围在理论界和实务界并未达成一致。虽然早在2018年5月监察体制改革后不久，发布了《国家监察委员会与最高人民检察院办理职务犯罪案件工作衔接办法》，[2]该办法为

〔1〕 参见虞浔：《职务犯罪案件中监检衔接的主要障碍及其疏解》，载《政治与法律》2021年第2期。

〔2〕 该办法在前言中说明其制定目的是落实国家监委和最高人民检察院在办理职务犯罪案件过程中互相配合、互相制约，建立权威高效、衔接顺畅的工作机制。总共分为五章，分别是国家监察委员会案件审理、最高人民检察院提前介入工作、国家监察委员会向最高人民检察院移送案件、检察机关审查起诉、退回补充调查和自行补充侦查。

对检察院提前介入作了具体规定，其中第二章第12条规定了检察机关介入监察机关的案件范围为“重大、疑难、复杂案件”。[1]随后，2019年的《人民检察院刑事诉讼规则》，再次明确检察机关可以提前介入监委办理的职务犯罪案件。该规则第256条第2款规定了提前介入的原则为“商请介入”，也就是监察机关因工作需要，主动提出商请，而不是检察机关的主动介入。但由于该原则比较抽象，实践中对其适用没有形成统一的标准，比如介入的范围“重大、疑难、复杂”，就存在很多不一致的理解。虽然监检机关的人员和职责具有紧密的关联性，使得检察机关提前介入在实践中运用较多，但标准的模糊性导致各地采用的介入标准各有差异，有的以犯罪行为恶劣或影响较大等案件影响力为介入标准，有的以10年以上刑期为介入标准，有的以调查证据收集的难易程度为介入标准，等等。泛化的解释必然造成介入的不确定性。如果介入过多，检察机关可能面临资源不足以支撑的问题。如果检察机关提前介入的比例太低，特别是对重大、疑难、复杂案件，检察机关本应提前介入而实际出于监察机关未商请而未介入或检察机关出于自身原因未能及时介入，那么当案件进入审查起诉阶段时，由于留给检察机关的时间比较有限，特别是一些证据可能存在瑕疵而无法用于刑事诉讼，检察机关不仅面临较大的压力，

〔1〕《国家监察委员会与最高人民检察院办理职务犯罪案件工作衔接办法》第12条规定：国家监委办理的重大、疑难、复杂案件在进入案件审理阶段后，可以书面商请最高人民检察院派员介入。

也容易造成审查起诉质量的低下。同时,大量案件如需退补,那么诉讼效率将会显著下降,影响反腐效率、监察效率和公众对监察体制改革的信心。

其二,提前介入的时机标准不一。《国家监察委员会与最高人民检察院办理职务犯罪案件工作衔接办法》仅对国家层面的机构之间的衔接作了规定,未对地方检察机关进行规定,虽然原则上地方可以参照中央层面的做法,但并无明确强制性要求。[1]在实践中,相关规定并未在地方得到充分参照,导致介入时机过早或过晚,影响介入的效果。其实,依据《国家监察委员会与最高人民检察院办理职务犯罪案件工作衔接办法》第 12 条的明确规定,提前介入的时间应该在"进入案件审理阶段后",这意味着介入之前,案件已经完成调查,已确定案件的犯罪性质,需要进入刑事司法程序。然而,这一规定在实践中存在相当大的差异性。比如,北京、上海和深圳的介入时间就不一样,分别为案件初核阶段、调查终结阶段、正式移送案件之前。过早介入,使得检察机关的职能无形中被扩大;而介入过晚,又难以提出质量较高的专业性意见。

其三,提前介入的模糊性。提前介入职能是检察机关提前介入所承担的责任。监察制度改革之前,检察机关与纪检监察机关

---

〔1〕《国家监察委员会与最高人民检察院办理职务犯罪案件工作衔接办法》第 13 条规定:最高人民检察院在收到提前介入书面通知后,应当及时指派检察官带队介入并成立工作小组。第 14 条第 1 款规定:工作小组应当在 15 日内审核案件材料,对证据标准、事实认定、案件定性及法律适用提出书面意见,对是否需要采取强制措施进行审查。

存在流水线、提前介入、同时立案和协商应急等4种合作模式，〔1〕其中提前介入的运作模式是：首先由纪检监察机关对相关对象进行“两规”或“两指”，其次检察机关在适当的时机介入，发挥其证据收集处理的专业优势，为后续进入司法程序打好基础。尽管如此，由于缺乏规范化和制度化，监检合作经常出现协作意识不强、介入程度不够以及协作深度不够等问题。监察体制改革后，虽然这些问题大多得到了解决，但由于未明确统一的操作规范，各地检察机关介入的工作深度也各不相同。有的检察机关仅听取地方监察机关的案情介绍，导致其无法了解案情全貌；有的检察机关全面介入前期调查和后期案件意见的提出，乃至案件办理的全过程。过多或过少的介入都会产生负面效果，或侵犯监察权的独立行使，或无法发挥监督作用。

（2）监检办案强制措施的衔接问题

为了构建权威高效的反腐机制，监察法构建了独立的程序规则体系，其他任何部门都无权干涉。但是，关于强制措施的制度在该体系中未体现，导致监检办案在强制措施衔接上出现理论与实践上的难题。比如，监察调查措施与侦查强制措施的衔接问题，《监察法》第37条第2款规定了以监察机关为主、其他机关为辅的思路。〔2〕虽然该思路对于整合腐败力量、提高反腐效率有一

---

〔1〕参见梁莉：《完善检察机关与纪检监察机关协调配合机制》，载《人民检察》2014年第10期。

〔2〕《监察法》第34条第2款规定：被调查人既涉嫌严重职务违法或者职务犯罪，又涉嫌其他违法犯罪的，一般应当由监察机关为主调查，其他机关予以协助。

定作用，但也带来了一些问题。特别是对于监察机关和其他机关都有管辖权限的案件，在案件事实还不能充分认定、案件性质无法明确判断的情况下，可能会出现强制措施错位的问题。比如，已经被逮捕的犯罪嫌疑人，如果又因职务犯罪需监察机关进行留置，那么逮捕和留置两种不同属性的强制措施该如何转换和衔接？实践中，这种衔接程序并无相应的操作性规范。同时，《刑事诉讼法》“先行拘留”条款与该法有关“拘留”条款相互矛盾。拘留在《刑事诉讼法》中是一种临时性的强制到案措施，[1]而留置更偏向于传统的“双规”措施，两者性质有所不同，其衔接在实践中仍存有一定障碍。比如，由于监检分置，对于同一职务违法犯罪案件，监察机关和检察机关对于是否需要留置以及采取后续的先行拘留可能存在不同意见，留置与先行拘留间的衔接转换有时并不顺畅。

（3）监检办案的证据衔接问题

监察法及其下位法《监察法实施条例》都明确了证据概念，并且提出监察证据和刑事审判证据的“要求和标准相一致”。[2]但实践中，限于监察法关于证据规定的原则性，以及我国刑事证

---

〔1〕《刑事诉讼法》第 170 条第 2 款规定：对于监察机关移送起诉的已采取留置措施的案件，人民检察院应当对犯罪嫌疑人先行拘留，留置措施自动解除。人民检察院应当在拘留后的 10 日以内作出是否逮捕、取保候审或者监视居住的决定。在特殊情况下，决定的时间可以延长 1～4 日。人民检察院决定采取留置措施的期间不计入审查起诉期限。

〔2〕《监察法》第 36 条第 2 款对此作出规定：监察机关在收集、固定、审查、运用证据时，应当与刑事审判关于证据的要求和标准相一致。《监察法实施条例》第四章第二节专门对监察证据作了详细规定。

据体系和内容的分散和复杂，[1]两者的衔接存在难以弥合的缝隙。其一，关于立案前阶段获取证据的资格条件。初核是案件形成的起点和基础，直接决定案件是否能成功立案。虽然监察法对初核程序进行了规范，但对初核阶段获取的证据能否在诉讼中使用并未给予明晰的规定。其二，关于监察调查录音录像移送。录音录像制度具有自我监督的作用，录音录像的内容是案件调查的过程，其最大的意义和价值在于固定取证方式，保护被调查人或犯罪嫌疑人的法定权益，为后续司法诉讼程序的顺利进行提供支撑。监察法和《监察法实施条例》对录音录像规定的是“留存备查”原则，与刑事诉讼法和刑事诉讼规则随案移送的规定有所出入，而且备查后如何调取、调取的范围以及允许查阅人员的范围等在监察法和《监察法实施条例》中并未明确。

二、监察法规的形式结构不够规范

作为成文法，仅有规范性规定是不够的，还必须有形式结构等非规范性内容。[2]《监察法实施条例》的法律文本形式整体上要素齐全，但仍有个别形式结构不够规范。

第一，目录较简单。目录的设置应详略得当，既不能像索引那般具体、详尽，也不能过于简单。《监察法实施条例》共有 9 章

〔1〕 参见虞浔：《职务犯罪案件中监检衔接的主要障碍及其疏解》，载《政治与法律》2021 年第 2 期。

〔2〕 参见周旺生：《立法学》，法律出版社 2004 年版，第 342 页。

329条，内容很多，针对这样的篇幅，目录的设置显得过于单薄。在设有章、节并且章、节之上并不设卷、编的法中，目录可以只设章、节两个层次。

第二，总则内容稍显繁琐。《监察法实施条例》的总则共9条，但没有包括适用对象等这些内容，如此可能导致适用对象不明显。《监察法实施条例》没有列明适用对象，延续了监察法没有列明的策略，虽然不列明和其既是组织法也是程序法相关，但是监察法规作为下位法，最好要有适用范围，明确调整对象，避免法律适用的困境。同时，《监察法实施条例》没有明确的法律原则。法律原则通常表述为："本法坚持以下原则：（一）……（二）……"《监察法实施条例》没有采用标准的表述方式，对于不太熟悉监察法内容的读者来讲，可能就不太容易辨识其法律原则。

三、监察法规的表述技术不够精细

本部分以《监察法实施条例（征求意见稿）》为例，探讨监察法规制定过程中存在的立法语言失范、逻辑失范。"失范"一词最先从神学引入学术和政治领域，然后广泛运用于人文社会科学领域。将失范理论用于立法学研究，主要是指立法技术不够规范，突出表现为语言、逻辑等方面的失范。《监察法实施条例（征求意见稿）》中存在的表述失范问题，虽然在第一版正式发布稿中已经改正了，但既然出现在社会公开发布的征求意见稿中，有可能说明这是监察法规表述中容易出现的问题，对其进行讨论仍有较大意义。

（一）词汇失范

（1）用词不当。上述征求意见稿中第10条第1款的“必须”在第一版正式发布稿中替换成了“应当”，虽然上级监委对下级监委处于领导地位，但是用“必须”显示其咄咄逼人的气势，不够妥当。第24条第1款第3项中第二个“调查”替换成了“查核”，因为“调查”是寻找事实的过程，而“查核”既有“查”又有“核”，是两种工作同时进行，且有“查”必须要有“核”，这样才能保证最后作出正确的处理决定。第49条第1款将“掌握”改成“发现”，突出了地方监委和派驻监察机构的联动机制，一旦有线索，就及时沟通，便于后续案件查处工作的开展。第88条将“也可以”改成“应当”，突出行为具有一定义务性，将“，”改成“或者”，因为逗号之间的成分是并列关系，“或者”是选择关系，在实际工作中两者选择其一就可以。

（2）重复多余。《监察法实施条例》第16条中，第一版正式发布稿删除了征求意见稿中的“以案说法”，因为这是前面开展警示教育的重复表达。第17条中的第二处“公职人员”，第一版正式发布稿只保留了“公职人员”，删除了征求意见稿中的“了解”“特别是领导人员履职情况”，很明显后者显得过于啰唆，领导人员就是公职人员，没有必要进行强调。第20条，第一版正式发布稿将征求意见稿中的“监督执法中”“运行制约机制”“监督体系”进行了语义合并，替换成“监督机制”，达到了言简意赅的效果。第38条，将“法律、法规授权的具有公共事务管理职能的事业单位中”改成“有关单位中”，“有关”扩大了原来的所指范围，如果将遗漏的另外一项规定性条件也说明，那么行文就会很长，因此，改成“有关单位”就可以将两者囊括。第43条第4项，将“评标委员会、谈判小组、询价小组中”改为“评标、谈判、询价等组织中”，因为委员会、小组都是组织，因此用“组织”一词简化了表达。第54条，将“严格依照监察法和本条例等法规制度规定”简化为“依照法定”，并且考虑到表达重复，删除了后面的“依法向有关单位和个人”。第57条，删除了“相关措施文书”，因为实际出具的就是《委托调查函》和《商请协助采取措施函》。第101条第4款，删除“通知”，并将“按照本条例关于采取留置措施通知的规定执行”改成“应当通知被留置人员家属”，避免了“通知”的重复使用，而且意思更加具体明确。第108条第2款，将“期限到期前”改成“到期前”，前面的“期限”显然是多余的。第135条第2、3款，将“暂扣或者封存”和“暂扣、封存”改成“接收”和“主动上交”，因为“接收”和“主动上交”包括“暂扣或者封存”，因此，采用上位词更简洁。第152条，将“对案件中的专门性问题需要鉴定，但没有法定鉴定机构，或者法律法规规定可以进行检验的”改成“因无鉴定机构，或者根据法律法规等规定”，并把“对案件中的专门性问题需要鉴定”放在后面用“就案件的专门性问题”，不仅意思明确，而且语言更精炼。第182条，将“对监察对象追究”改成“追究监察对象”，“追究”提前更直接简练。第206条第4款，将“应当向被调查人宣布撤销案件的决定，由被调查人”改成“对于撤销案件的决定应当向被调查人宣布”，因为宾语提前，避免重复使用“被调查人”。第210条第2款，将“复审决定或者复核决定”改为“复审、复核决定”，避免了重复使用“决定”，也与第211条的有关规定相一致。第249条，将“违反相关国家（地区）法律的”改成“相关违法”，用四个字就将意思表达到位了。

（3）关系不当。《监察法实施条例》第43条第4项，第一版正式发布稿将征求意见稿中的“国有公司”改为“国有独资、全资公司”，因为“国有公司”的范围较广，改为“国有独资、全资公司”有利于明确范围。第99条第2款，在“告知留置”前面增加了“向公安机关”，明确了告知的对象，否则容易引发争论。第105条第1款，在“其他金融机构、邮政部门”后面增加了“等单位”，“等”字的运用表示不完全列举，可将其他未涵盖的单位包括其中，避免缺漏。同理，第95条第3项，增加了“鉴定人等相关人员”，由于鉴定人也可能是打击报复的对象，因此有必要加上。第163条，将“《法定不批准出境人员通报备案通知书》”改成“《法定不准出境人员报备表》”，前者是公安机关出具的文件，后者是监委为限制不出境新制定的文件。第172条第1款，将“本级监察机关”改成“本机关”，因为“本机关”出现于本条文后半部分，应当保持前后一致。

（4）词语不正式。一是使用完整的名称。《监察法实施条例》

第二章第12条第2款中，第一版正式发布稿将征求意见稿中的“企事业”替换成“企业事业”。在第二章第13条第1款中，将“其”替换成了“地方监察委员会”。同理，第36条第2款，将“其”替换成“有关单位”；第49条第1款，将“其”替换成“公职人员”；第94条第3项，将“与其”替换成“与被调查人”；第141条第2款，将“其”替换成“辨认人”；第184条第1款，将“其”替换成“被调查人”。第196条第3款，将“需”改成“需要”，虽一字之差，但“需要”明显更正式。第177条第2款，将“真实准确”改为“真实性和准确性”，因为证据难以保证“真实准确”，但是能尽量满足其具有“真实性和准确性”的特征。第208条第1款，将“《涉案财物清单》”改成“《移送司法机关涉案财物清单》”。二是使用法律词汇而非普通词汇。第181条第3款把“受到行政处罚”改成“被追究行政法律责任”，因为“法律责任”相对“处罚”具有更强的法律色彩。第209条第5款，将“不属于”替换成“不认定为”，因为“属于”是普通用语，用于法律法规显然不如后者适当。

（二）语法失范

（1）虚词错用。《监察法实施条例》第124条，在“内”前面加上“以”，因为在表示数量的范围界限内一般用“以内”。同理，第130条第2款，分别在“十五”和“三十”后加上“以”；第269条第1款，“三年”后加上“以”。

（2）标点不妥。《监察法实施条例》第98条第1款，出现了一个典型的语法错误，因为分号后面一般不用“同时”，因此把分号改成逗号，并把“同时”改成“并”。

（3）搭配不当。《监察法实施条例》第90条最后一款，在“个人”前面增加了“要求有关”，因为按照动宾搭配的原则，“提请”的对象是单位不能是个人，而“要求”个人是可以的。第188条第2款，在“意见建议”前面增加了“形成的”，因为前面的“发现”与“意见建议”不搭配，需要另加“形成”来搭配。第257条，将“应当严格”改成“实行严格的”，因为可以说实行制度，但是严格制度不符合动宾搭配。

（4）成分残缺。《监察法实施条例》第213条第1款，将“经监察机关”改成“监察机关经”，这样就有主语了。第273条第2款，增加了“监察机关应当”作为主语。第185条第3款，在“到案之日起重新计算”前面增加了“被调查人”，这样句子成分中不缺主语。

（5）语序紊乱。《监察法实施条例》第78条第2款，将“调查人员也应当在笔录中签名。被调查人拒绝签名、捺指印的，调查人员应当在笔录中记明”前后两句对调，先把事项放在前面，后面再提出如何处理这一事项，这就厘清了先后顺序，更符合逻辑。签名是对于整个笔录的，因此需要单独陈述。第121条第3款，将“制作过程和原物、原件存放地点”改成“原物、原件存放地点，制作过程”，因为制作过程和存放地点的主语都是原物和原件，按照主语在前、谓语在后的原则调整顺序。第125条第2款，将“退还其家属或者随案移交”改成“随案移交或者退还”,把“随案提交”置于“退还”前更合理,而且退还的对象不用刻意加以明确。第195条第1款,将“告知其在审理阶段的权利义务”移至“核对涉嫌违法犯罪事实,听取其辩解意见,了解有关情况”之前,因为告知权利和义务通常是放在最前面,知晓之后,被调查人才能对处理作出符合其权益的反应。

(三)逻辑失范

在《监察法实施条例》中,表现最多的是立法事项不够周全。第一版正式发布稿第12条第3款,在“不设置人民代表大会的区域”前面增加了“地区、盟、开发区等”,明确了“不设置人民代表大会的区域”的具体范围;第13条第3款,增加了“及时”,突出报告线索的及时性;第22条中,增加了“《中华人民共和国刑法》(以下简称刑法)”,因为刑法是职务犯罪中法法衔接所涉及的重要法律,有必要提及;等等。《监察法实施条例》在第一版正式发布稿的第19条,对“督促有关机关、单位及公职人员履职尽责、开展专项治理”这一句进行了优化处理,修改为“督促有关机关、单位强化治理,促进公职人员履职尽责”,符合语义上的主谓搭配方法和事物的发展逻辑。第72条第2款,将“视情”改成“根据需要”,这一修改更为妥当,是否要求被谈话人在15个工作日以内进行书面说明,“视情”的个人主观判断色彩过于浓厚,“根据需要”就更符合法言法语的要求,尽可能排除个人的主观判断。

第三章 监察法规的制定原则

监察法规的制定需要有明确的基本原则作为指导。原则，最初作为拉丁语 *Principium* 的意思是“开始、起源、基础”。在《布莱克法律词典》中，法律原则是法律的真理，是对行为、程序或法律裁决方向既定的规则。[1]监察法规制定所遵循的原则，是其精神实质之所在，反映了其价值取向。立法的价值内涵和价值取向是评判监察法规立法质量的首要标准。监察法规的目标是要成为良法，而监察法规“良法”质量的评判标准应当包括坚持党的领导、坚持人权保障原则、坚持法法衔接原则、坚持民主立法原则等。

第一节 坚持党的领导

一、正确认识党领导立法

在监察法规立法中，党发挥领导作用。首先，党领导监察法

〔1〕 Henry Campbell Black, *Black's Law Dictionary*, *Fifth Edition*, West Publishing Co., 1979, p.1074.

规立法的主体是党的特定领导机构。党的十九届四中全会关于立法工作格局的论述将党的领导具体化为“党委领导”，党章中也明确规定了党委集体决策的机制。[1]这说明了党对立法的领导是集体领导，不是领导干部个人的领导，要严格遵循民主集中制的原则。《监察法实施条例》就是集体决策的成果，是由国家监委全体会议作出的决定。其次，党领导监察法规立法的方式是依法领导。早在20世纪八九十年代，彭真就提出，凡是关于党和人民的大事，都要通过立法程序，以国家的形式制定出来。[2]习近平也反复强调，党领导人民制定宪法和法律，必须带头遵守宪法和法律。[3]由此可知，党对立法的领导应当依法进行，按照法定程序指导立法活动。监察法规的立法也是如此，应在法治的框架内坚持党的领导，让监察法规立法更加科学理性。

二、突出贯彻党的意志

党领导监察法律法规的制定，是通过一整套政治的、思想的、组织的方法和机制来实现的。首先，在组织机制上，主要是通过

[1] 《中国共产党章程》第10条第5项则表述为“凡属重大问题都要按照集体领导、民主集中、个别酝酿、会议决定的原则，由党的委员会集体讨论，作出决定”。

[2] 参见《彭真文选》，人民出版社1991年版，第493页。

[3] 参见习近平：《在首都各界纪念现行宪法公布施行30周年大会上的讲话（2012年12月4日）》，载《中国人大》2012年第23期。

法定程序，将党的主张变成国家法律。[1]通过党委领导、人大主导、政府依托、各方参与的立法工作机制，使各方主体都能积极参与监察法规的立法，形成立法合力。其次，在政治思想上，深刻把握党的文件精神，以“法言法语”准确表达“党言党语”，将党的政策主张转化为法律法规。最后，在立法层级上，中共中央领导在全国普遍适用的监察法规立法工作，如果地方人大及地方监委被赋予监察法规立法权，则地方党委应承担领导本地区监察法规立法工作的职责。

三、突出党的立法全过程指导

监察法规由国家监委负责立法，但国家监委并不是立法的独立主体，更不是唯一主体，国家监委应在中央纪委常委会的领导下进行监察法规的规划和制定。无论是立法的规划还是实际的立法过程，都应在中央纪委常委会的直接领导下进行，重要环节都应向中央纪委常委会报告，在常委会议上进行讨论，由常委会议作出决定。同时，更为重要的是，国家监委制定监察法规应接受中共中央的领导，重要事项和重要环节都必须向中共中央报告，监察法规的制定规划要报告，重要监察法规的制定更要报告，在中央政治局或中央政治局常委会上讨论，由中央政治局或中央政

〔1〕参见陈柏峰：《习近平法治思想中的“党的领导”理论》，载《法商研究》2021年第3期。

治局常委会最终批准。当然，中共中央对国家监委的领导主要是通过中央纪委作为中介进行的。国家监委一般并不直接向中共中央报告，而是在中央纪委常委会的领导下，通过中央纪委常委会向中共中央负责。在《监察法》、《公职人员政务处分法》以及《监察法实施条例》的制定中，党对监察法律及监察法规制定的领导都得到了具体而直接的体现，这种领导不仅是对结果的领导，也是对过程的领导。而且，在这些法律法规中，都特别强调监委是政治机关，第一位的要求是接受党的领导，这当然也包括把党的领导体现在立法的全过程。

第二节 坚持尊重和保障人权

一、法律意义上的人权

人权作为一种思想，自古有之，而且经过思想家的发展，以及在实践中的运用，已经为世界上大多数国家所认同。[1]康德强调把人当作目的而不是手段，[2]米尔恩把这称为“人道原则”，并认

〔1〕 人权思想先后经过洛克的系统化、卢梭的完善、美国独立宣言和法国人权宣言的规范化之后，已在国际上产生广泛的影响。

〔2〕 ［英］A.J.M. 米尔恩：《人的权利与人的多样性——人权哲学》，夏勇、张志铭译，中国大百科全书出版社 1995 年版，第 102 页。

为人权是最低限度的道德标准。[1]联合国《世界人权宣言》中的人权是指人人平等，无论外界条件如何，每个人都享有平等的权利和自由。[2]我国宪法中明确规定了人权概念，[3]法律面前人人平等成为我国的宪法原则。[4]其意义在于所有人在法律层面的权利义务是同等的，用博登海默的话来表达就是"法律待遇的平等"，具体体现在法律的实体内容、执行和救济中。

人权既是个政治和道德层面的概念，更应是个严格的法律问题。民主法治的形成基于全体公民的共同信念和意志，尤其必须注重保护公民的基本权利。[5]法律应平等地适用于每个公民，不能区别对待，如果偏离，就要接受细致审查。[6]制定法律的目的多种多样，但其最终的目的应是服务人民，为人民的生存、发展等基本权利提供强制性规则的保障。人权的法律化体现在宪法所规定的公民基本权利上，但这些权利还需要通过各领域法律法规来落

---

〔1〕 参见 A.J.M. 米尔恩：《人的权利与人的多样性——人权哲学》，夏勇、张志铭译，中国大百科全书出版社 1995 年版，第 124 页。

〔2〕 人权的概念在 1948 年联合国《世界人权宣言》得到了界定："人人有资格享有本宣言所载的一切权利和自由，不分种族、肤色、性别、语言、宗教、政治或其他见解、国籍或社会出身、财产、出生或其他身份等任何区别。"

〔3〕 2004 年 3 月，第十届全国人大第二次会议第一次把人权概念写入了宪法，我国《宪法》第 33 条第 3 款规定："国家尊重和保障人权。"第 38 条规定："中华人民共和国公民的人格尊严不受侵犯。禁止用任何方法对公民进行侮辱、诽谤和诬告陷害。"

〔4〕 我国现行《宪法》第 33 条第 2 款规定：中华人民共和国公民在法律面前一律平等。

〔5〕 参见［德］约瑟夫·夏辛、容敏德编著：《法治》，阿登纳基金会译，法律出版社 2005 年版，第 56 页。

〔6〕 参见［英］汤姆·宾汉姆：《法治》，毛国权译，中国政法大学出版社 2012 年版，第 81 页。

实。监察法从原则上强调保护当事人的基本权利,《监察法实施条例》则对相关的规定予以细化,都体现了尊重和保障人权的价值导向。但监察法律法规的完善还有一个长期的过程,目前仍存在很多未加以明确的地方,如留置的使用强度、外部监督、救济规定等,应分层分类制定相关监察法规,使各级监察机关及其人员的自由裁量空间受到严格规范,使监察对象的合法权益受到监察法律法规更加有力的保护。

二、被调查人员的辩护权利保障

由于监察机关拥有丰富的调查权限,而且缺乏来自检察机关和辩护律师的有力监督和制约,被调查人的权利保障成为人们担忧的重点问题。[1]实践中,在个别案件的调查中,被调查人员的辩护权利保障确实也存在困难,突出表现为管辖冲突所带来的辩护权利保障问题。监察机关管辖的罪名数量大大增加,[2]这些管辖罪名特别是共同管辖罪名中,相关案件归监察机关管辖的,辩护律师无权介入,而案件归检察机关管辖的,辩护律师则可以介入进行辩护。[3]虽然《人民检察院刑事诉讼规则》第 17 条规定检察

〔1〕 参见李奋飞:《“调查——公诉”模式研究》,载《法学杂志》2018 年第 6 期。

〔2〕 《国家监察委员会管辖规定(试行)》中规定了国家监委具有 88 个罪名的管辖权,再加上 14 个与检察机关共同管辖的罪名,监察机关管辖的罪名扩大到 102 个。

〔3〕 参见王秀梅、黄玲林:《监察法与刑事诉讼法衔接若干问题研究》,载《法学论坛》2019 年第 2 期。

机关办理与监察机关的交叉案件时，应及时与监察机关沟通，[1]但沟通内容并没有解决人权保障的问题。实践中，一旦案件被认定为监察机关管辖，就会转换成监察程序，犯罪嫌疑人的身份转换为被调查人，辩护律师的帮助被迫中止。同时，监察程序转为刑事司法程序后，辩护人可以获得律师帮助的时间规定尚不明确。[2]

律师和法官、检察官同属法律共同体，致力于我国法治建设。律师在刑事司法程序中可以介入，但是在监察程序中未被赋予介入的权力，对此学界众说纷纭。概括起来讲，无非是或赞同或反对或变通处理等三种观点。赞同的观点认为，留置措施限制人身自由这项必须由法律进行规制的基本权利，跟刑事侦查对人身自由的限制没有本质的不同，必须被纳入司法规范的范畴，既然刑事司法程序明确规定律师可以介入，监察程序也应允许律师的介入。[3]反对的观点认为，公职人员作为特殊的群体，其执掌公权力的性质决定了其权利应进行一定的让渡，留置的性质与公安机关对违规违法干部的禁闭处罚措施等类似，律师介入会妨碍监察

〔1〕《人民检察院刑事诉讼规则》第 17 条第 1、2 款规定：人民检察院办理直接受理侦查的案件，发现犯罪嫌疑人同时涉嫌监察机关管辖的职务犯罪线索的，应当及时与同级监察机关沟通。经沟通，认为全案由监察机关管辖更为适宜的，人民检察院应当将案件和相应职务犯罪线索一并移送监察机关；认为由监察机关和人民检察院分别管辖更为适宜的，人民检察院应当将监察机关管辖的相应职务犯罪线索移送监察机关，对依法由人民检察院管辖的犯罪案件继续侦查。

〔2〕参见虞浔：《职务犯罪案件中监检衔接的主要障碍及其疏解》，载《政治与法律》2021 年第 2 期。

〔3〕持该观点的学者有：张建伟：《法律正当程序视野下的新监察制度》，载《环球法律评论》2017 年第 2 期；陈光中：《关于我国监察体制改革的几点看法》，载《环球法律评论》2017 年第 2 期。

调查，因此律师不宜在监察调查期间介入，其介入的适当时机应该在监察调查程序结束后，监察对象变成刑事犯罪嫌疑人时。[1]变通处理的观点认为律师固然不应介入监察调查，但应允许被调查人的直系亲属适当介入，并明确其介入监察调查的时机和限度。[2]实践中，官方机构对律师介入问题持明确否定态度，理由除与持否定态度的学界观点大致类似的之外，主要是担心律师的介入会降低腐败惩治的效率。

对被调查人和犯罪嫌疑人的辩护权利目前未作规定，可能有各种实际考虑，但是从理论层面，不仅要从制度和工作机制上对辩护权利加以确立和保护，而且要从立法层面对律师介入监察留置程序的必要性和可行性进行探究。[3]从法理上来讲，律师介入有丰富的法理支撑，特别是从宪法原则来看，[4]任何国家机构都应无差别地落实这些原则，监察机关也不例外。[5]从留置措施来看，留置涉及人身自由权，留置期间，被调查人员被留置在一个狭小的封闭空间，处于弱势地位；从留置期限来看，留置一般是3个月，最多可达6个月，其时间长度和审前羁押相当。从权力制

---

〔1〕 参见吴建雄：《试点地区用留置取代两规措施的实践探索》，载《新疆师范大学学报（哲学社会科学版）》2018年第2期。

〔2〕 参见徐汉明：《国家监察权的属性研究》，载《法学评论》2018年第1期。

〔3〕 参见包晓彤、黄明涛：《监察委员会留置措施中律师介入问题研究》，载《特区实践与理论》2018年第4期。

〔4〕 我国《宪法》第33条第3款规定“国家尊重和保障人权”。

〔5〕 参见陈光中、邵俊：《我国监察体制改革若干问题思考》，载《中国法学》2017年第4期。

约角度来看，监察权力的配置及其运行机制是在相对封闭的轨道上，缺乏有力的外部监督力量，容易导致其在权力运行时出现偏差。律师在留置阶段的适时介入，就是一种有效的制约和监督力量。从法益角度来看，限制被调查人委托律师的权利，既违背我国宪法精神，也不符合刑事诉讼法相关规定。[1]

当然，律师介入留置调查，并不是无条件的、绝对的，而是需要设置一定的程序和条件。第一，关于介入律师的身份选择。不是所有类型的律师皆可介入，介入的律师应从公职律师中选拔，主要给被调查人提供相关法律帮助，其业务范围也应限制在法律咨询等必要的范围，[2]从而减少律师介入的对抗性，加强有效介入。第二，关于被调查人可以得到的法定权利。可以根据个案的具体情况，赋予律师留置期间的会见权；会见权采取审批制，需经过监察机关的许可，这样监察机关可以根据监察调查的实际情况进行裁量，不容易被律师阻碍调查进度。赋予律师在讯问被调查人时的在场权，可以有效防止非法取证，从而保障程序的合法性。[3]律师也应当严格遵守若干义务，包括会见时遵守相关规定，

---

〔1〕 依据《刑事诉讼法》，犯罪嫌疑人、被告人自始至终都享有委托辩护人的权利，并无被排除委托辩护的案件类型。虽然在危害国家安全犯罪、恐怖活动犯罪案件中，侦查期间辩护律师会见在押犯罪嫌疑人需经侦查机关许可，但这并不等同于剥夺委托辩护权，职务犯罪案件的犯罪嫌疑人同样应当依法享有委托辩护人的权利。

〔2〕 参见虞浔：《职务犯罪案件中监检衔接的主要障碍及其疏解》，载《政治与法律》2021年第2期。

〔3〕 参见包晓彤、黄明涛：《监察委员会留置措施中律师介入问题研究》，载《特区实践与理论》2018年第4期。

不得干扰调查等。第三,关于律师介入的时间。律师介入的时间最好定在案件的审理阶段,因为此时案件性质已经基本认定,被调查人的犯罪事实、证据是否收集齐全等情况已经比较明晰。律师的介入不仅能防止被调查人的合法权利受到不当侵害,推动监察调查行为更加规范,而且能为后续的刑事诉讼等工作提供一定的准备,助力刑事诉讼的效率提升。

当前,我国已建立较为完善的法律体系,并正在全面推进依法治国。为了避免监察权可能导致的人权损害,应提高对立法机关和监察机关尊重、保障人权的标准和要求。监察权应实行适当的法律保留原则,即便是在当前反腐败任务仍然艰巨繁重的情况下,也应当坚持侵害保留原则,这既是宪法保障人民合法权利的重要体现,也是法治国家对监察权的基本规范性要求。当然,在制定监察法规时,应保持适度的中庸原则,既不应过度强调监察调查的效率,置人权保护于不顾,也不应过度妥协,导致监察调查的效率受到影响,影响反腐的大局。但当下,监察法规的制定更应注意把握好前者。

第三节　坚持纪法贯通、法法衔接原则

纪委监委同时承担执纪执法职责,且其合署办公、一体运行的体制决定了执纪和执法往往是由同一部门、同一人员同时进行

的，因此，纪法之间的贯通衔接是不言而喻的问题。同时，监察法规是法，其在立法层面的法法衔接，主要在于保持立法上的协调，减少法律法规体系的内在矛盾和冲突。这既要求各种处于不同位阶的法律法规协调有序，处于法律体系较低位阶的法不能与上位法相对立、相冲突，否则就撤销或修改，因而监察法规不能与宪法、监察法及其他法律相冲突，也要求监察法规之间的横向关系应协调一致，监察法规之间不能冲突，做到不同类型的监察法规中的内部制度规范有机连接、有效贯通。[1]

一、监察法规与党内法规的贯通

纪法贯通的本质在于纪律检查权、国家监察权和司法权的协作与配合。[2]由于监委与党的纪委合署办公，纪律检查权和国家监察权又具有二元属性，因而呈现党内法规与国家法律共治的局面。[3]可以说，监察法规与党内法规的贯通既是纪法衔接的基础，也是纪法衔接的目标。[4]

〔1〕 参见段鸿斌：《基于党和国家监督体系的监察法规的类型化构造》，载《人大研究》2020年第6期。

〔2〕 参见江国华、何盼盼：《国家监察纪法贯通保障机制研究》，载《中国高校社会科学》2019年第1期。

〔3〕 参见刘怡达：《论纪检监察权的二元属性及其党规国法共治》，载《社会主义研究》2019年第1期。

〔4〕 参见刘怡达：《论纪检监察权的二元属性及其党规国法共治》，载《社会主义研究》2019年第1期。

（一）坚持惩前毖后、治病救人

反腐法律不能太硬，否则会伤及人的权利，让人觉得法律太过严酷，但也不能太软，如果太软，则会使法律的权威性不足，影响反腐成效。毛泽东最早提出惩前毖后、治病救人的理念，这是中国共产党在实践中发明的一套对待和处理犯错误同志的有效方法。处理一个人的目的不是惩罚而是挽救，同时教育更多人，而不是单纯的惩处，这样有利于减少党的对立面。《监察法实施条例》第一章第4条明确提出坚持惩前毖后、治病救人，这就从立法上明确了该原则要贯穿于实际监察工作之中。而要做到这一点，首先应与时俱进完善思想政治工作的方式方法，使其适应监督调查工作的需要。其次应推进监督执纪"四种形态"的制度化法治化，发挥其蕴含的警示教育和惩治震慑作用。最后应把这一重要原则全面贯彻到监察法规立法中，无论是日常的监督检查和定期的巡视巡察，还是发现问题后的审查调查和追责问责，都应在相应的监察法规中突出该理念原则，目的是不仅让党员干部和公职人员受到纪律法律的震慑，也让其感受到查处的目的不仅在于查处，更在于挽救，在纪法规定的限度内给予其必要的关心，让其感觉到前途和出路，真正从内心放弃对审查调查的抵触，甚至认同对其的处理，从而唤醒其内在良好本性。惩前毖后、治病救人的原则已在第一部监察法规中得到具体体现，对今后监察法规的制定有较好示范意义。

（二）坚持把监督挺在前面

监督是纪委和监委的共同职责。监督做在前、做到位，有利于规范权力运行，防止问题发生。在监察法律法规制定中突出监督的第一性，目的在于督促纪检监察机关抓早抓小、防微杜渐，有效防止公职人员的问题和错误越来越大、违法问题最终走向犯罪问题，这跟司法执法机关侧重事后惩处的思路不同。

监察法是应国家监察权而生的全新法律部门，[1]《监察法》第1条对监察法的使命作了完整规定。[2]监察法规是监察法的下位法，自然担当着同样的使命。纪委监委的任务不仅仅是办案，更重要的是履行监督职责，督促所有党员和公职人员自觉满足组织和职业对其廉洁性的要求。这既需要纪委监委大胆监督，也需要其提高监督能力，做到善于监督。敢于监督就是主动查找问题、发现问题、处置问题，善于监督就是创新监督方式方法，提升监督水平，做到严细深实。比如，关于函询，如果工作人员在函询之前尽可能获取全面准确的信息，就更能把握函询的重点所在，提高函询的针对性，引导被函询人感受到纪委监委是对其真正负责

---

〔1〕 参见邱霈恩、李天昊：《监察法的法律属性及相关法理论析》，载《法治研究》2021年第1期。

〔2〕 《监察法》第1条规定：为了深化国家监察体制改革，加强对所有行使公权力的公职人员的监督，实现国家监察全面覆盖，深入开展反腐败工作，推进国家治理体系和治理能力现代化，根据宪法，制定本法。

的，让被函询人知道有则改之、无则加勉是其最好的应对方式，一味抵赖、试图蒙混过关到头来可能付出更大代价，从而使其自觉接受监督、积极回答函询内容，这样就能收到良好的函询效果。再比如，开展分级分类监督谈话。监督谈话应有主攻目标，重点是领导干部；盯住重点事，根据不同领域的不同特点，突出监督谈话的重点，把握好“时、度、效”。谈话应结合鲜活的事例和具体的数据，直指要害，指出谈话对象履职中的不足。谈话结束之后，应要求谈话对象即知即改、立行立改，及时将整改结果报告纪委监委。针对谈话中发现的体制机制性问题，也应督促责任部门举一反三、主动整改，不仅解决当前问题，也要建立常态长效的制度机制，避免问题反复出现。此外，巡视巡察也是重要的监督方式，在全国纪检监察机关发现的问题线索中。超过半数来自巡视巡察。目前，巡视已经形成比较完善的做法，但巡察还处于各地的分散探索中。为破解熟人社会监督难的问题，一些省（自治区、直辖市）探索开展提级、交叉和同步巡察，取得良好效果。对这些实践证明行之有效的监督方式，应逐步以监察法规等形式予以规范。监督作为监委的基本职责、第一职责，其重要性不仅在于可以防止权力滥用和贪腐行为的发生，还在于可以发现和查处腐败问题，监督的地位是基础性的。道理很简单，只有通过监督发现贪腐线索，其后续惩处才有可能。因此，把监督挺在前面的原则，理应在监察法规的制定中进行充分体现。

(三)坚持不敢腐、不能腐、不想腐一体推进

不敢腐、不能腐、不想腐一体推进是中共中央作出的重大决策部署,[1]已提升至党和国家反腐战略方针的重要地位,这决定了其在监察法规的制定中具有重要指导性作用。所谓“不敢腐”,就是发现一起腐败案件就查处一起,保持对腐败者的震慑,让腐败者受到严厉打击,提高腐败的成本和代价,使意欲腐败的公职人员因心存恐惧而不敢腐败。它是实现不能腐和不想腐的前提、基础和后墙,离开这一条,一切教育和制度都将流于形式。“不能腐”主要是通过分析案件背后的体制机制漏洞,推动案发单位、系统举一反三、建章立制、加强监管,同时通过深化改革,完善全流程的权力监控体系,堵住贪腐漏洞,铲除腐败土壤,压缩腐败的生存空间。这是不敢腐和不想腐的制度保障。不想腐侧重思想教育和道德教化,重在通过提高思想认识和觉悟,提高公职人员自律能力,从源头上消除公职人员的腐败想法。这是追求的最终目标,也是彻底消除腐败的根本所在。[2]作为党的意志的体现和行之有效的反腐方略,“三不”一体推进已写入立法。《监察法》第一章第6条提出要构建“三不”一体推进的长效机制,《监察法实

---

〔1〕“不敢腐、不能腐、不想腐”的思想写入了《中共中央关于全面推进依法治国若干重大问题的决定》和《中共中央关于坚持和完善中国特色社会主义制度、推进国家治理体系和治理能力现代化若干重大问题的决定》两个重要决定。

〔2〕参见李雪勤、王冠:《“三不一体”:反腐败基本方针的重大继承和创新》,载《毛泽东邓小平理论研究》2021年第4期。

施条例》第一章第5条进一步明确提出要推进“三不”一体的体制机制建设。“三不”一体推进是反腐的总方略，是一个系统的整体，环环相扣，递次推进。在监察法规制定中，其具有统领性的地位和作用，应贯穿在每一部监察法规中，成为监察法规制定的重中之重。

（四）坚持纪法情理贯通融合

纪检监察工作是政治工作，[1]归根结底是解决人的思想的工作，既要通过刚性的监督执纪执法体现工作的严肃性，也要通过富有温度的思想疏通体现工作的艺术性，这就需要把纪法情理贯通融合。它是中国共产党长期实践中总结出的反腐基本原则，也是纪检监察机关开展工作的具体策略。纪法情理的结合需要从各自内涵中找到关联的逻辑，“纪”是党员行事的规则，“法”是社会成员的行为准绳，“情”是人性关爱，“理”是至上的道理，刚性中蕴含情的温暖，柔性中包裹了规范准则。首先，应尊重被调查人的尊严，保护其合法权利，给予其人文关怀，使其相信组织，而在得到被调查人配合的情况下，审查调查中的很多疑难问题也能更快得到突破。[2]其次，应区别对待不同个案，本着惩处个别顽固分子、教育多数悔改之人的原则，最大限度地使干部少犯错误，犯了

〔1〕 参见完颜平：《治病救人需把纪法情理贯通融合》，载《中国纪检监察》2020年第21期。

〔2〕 参见完颜平：《治病救人需把纪法情理贯通融合》，载《中国纪检监察》2020年第21期。

错误能够及时改正。再次，还应严肃查处怀有各种目的的诬陷举报，及时为受到不实举报的干部正名，让党员干部和公职人员认识到监督执纪执法的真正意图是保护，从而更加认同纪委监委的工作。〔1〕最后，在监察法规的制定中，应突出体现纪法情理贯通融合的原则，平衡好依纪依法审查调查和用情用心引导教育的关系。

二、监察法规与法律法规的衔接

监察法规与法律法规的衔接，具体解决的是监察法规和刑法、刑事诉讼法的衔接问题。作为推进法治建设的重要机关，监察机关和司法机关的共同目的是实现监督公权力行使的使命。监察机关既应有"监察"思维，也应有"刑事诉讼"思维，做到两种思维的区分融合。一方面，从法定职能的衔接协作要求来看，虽然监察机关调查职务犯罪案与检察机关审查起诉与支持公诉在权力基础、程序属性等方面都存在本质性差异，但是职务犯罪行为调查和刑事追诉之间具有不可分割的关联性，〔2〕两者在办案流程和具体内容上具有承继关系。〔3〕因此，监察机关应与司法机关重

〔1〕《如何坚持政策策略纪法情理融合　实现政治效果纪法效果社会效果相统一》，载《中国纪检监察报》2021年3月25日，第6版。

〔2〕参见本书编写组编写：《监察与司法有效衔接》，中国方正出版社2020年版，第72页。

〔3〕《监察法》第11条第3项规定：对涉嫌职务犯罪的，将调查结果移送人民检察院依法审查、提起公诉。第45条第1款第4项规定：对涉嫌职务犯罪的，监察机关经调查认为犯罪事实清楚，证据确定、充分的，制作起诉意见书，连同案卷材料、证据一并移送人民检察院依法审查、提起公诉。

点在案件移送机制、程序对接等方面建立对接机制，特别在涉及从宽情节的认定，逃匿死亡案件的财产没收，[1]互涉案件管辖协助等方面加强协同。另一方面，应从政治大局上把握中国反腐体制机制的特点，坚持以党纪反腐为先导、监察反腐为主责、司法反腐为保障。[2]虽然原纪委人员和检察院转隶人员组成新的纪检监察队伍后，纪委原有人员侦查思维稍显不足，转隶的检察人员对执纪较为陌生，需要一个磨合过程，[3]但是也应看到二者融合之后的优势互补。同时，尽管反贪污贿赂局已经合并进监察机关，但检察机关和监察机关协同反腐的职能没有改变。从检察机关来说，其20年的职务犯罪侦查实践积累了丰富的实务经验，可以为监察机关展开职务犯罪案件的调查提供重要的帮助，特别是其对于重大、疑难、复杂案件涉及的法律适用的规范和标准的意见建议，对监察机关而言可能具有重要参考价值。[4]从监察机关来说，其从政策策略上对违纪违法行为的认定和把握经验也非常丰富，特别是其有一套比较完善的内部监督制衡体制机制，对司法机关

---

〔1〕《监察法》第48条规定：监察机关在调查贪污贿赂、失职渎职等职务犯罪案件过程中，被调查人逃匿或者死亡，有必要继续调查的，经省级以上监察机关批准，应当继续调查并作出结论。被调查人逃匿，在通缉一年后不能到案，或者死亡的，由监察机关提请人民检察院依照法定程序，向人民法院提出没收违法所得的申请。

〔2〕参见本书编写组编写：《监察与司法有效衔接》，中国方正出版社2020年版，第46页。

〔3〕参见本书编写组编写：《监察与司法有效衔接》，中国方正出版社2020年版，第92页。

〔4〕参见本书编写组编写：《监察与司法有效衔接》，中国方正出版社2020年版，第74页。

也有借鉴价值。只要两者积极合作、形成合力，就能更加彰显新型反腐体制的效力。

法法衔接看似是程序的衔接，但衔接背后体现的是基本价值，如是否贯彻落实依法依规用权、是否坚持程序的优先性。[1]如果没有统一的价值共识，则难以形成合力。比如，关于审查起诉的案件应当设置刑事立案程序作为衔接的程序保障。[2]需要明确的是监察机关的立案是基于监察法的规定，并不是刑事诉讼意义上的立案。在此前提下，监察机关移送审查起诉案件是否仍需办理立案程序？讨论这个问题需要从刑事立案的程序意义和规范价值出发。从程序正当性的角度来看，刑事立案是刑事诉讼的必经程序，如果刑事不立案，那么其后续采取的强制措施、审查起诉和审判就不具备合法性基础，这是提出刑事立案的直接理由。从监察机关的定位来看，监察体制改革的目标是“构建集中统一、权威高效的中国特色国家监察体制”，这里关键词是“集中统一、权威高效”，可见高效是对监委职能的定位之一，这可以从监察法实施中看出与之相印证的一些做法。比如，被调查人员没有被赋予会见律师的权力，可能的原因之一是会见律师会把整个调查的过程变得更长。为什么高效如此重要？这可以从党中央下

〔1〕 参见本书编写组编写：《监察与司法有效衔接》，中国方正出版社2020年版，第99页。

〔2〕 参见陈卫东：《职务犯罪监察调查程序若干问题研究》，载《政治与法律》2018年第1期。

定决心要在2050年实现社会主义现代化的目标当中找到动力之因。只有保持反腐败的高压态势，各项现代化的方案和举措才能落地。因此，从效率的角度看，检察机关接收案件之后再刑事立案有降低效率之嫌，如果立案还会带来其他的问题，整个问题将变得更复杂。比如，检察机关刑事立案后又略过侦查程序直接审查起诉是否合适？如果立案之后，经过审查，发现证据有瑕疵，需要退回补充调查，那么监察机关该以何种方式介入补充侦查？其身份和法律地位如何界定？其讯问被告人是自行开出提押证还是由检察机关开出提押证？针对于此，应通过监察法规进行程序的设计，让复杂问题变得简单，让行动变得高效，从而不断巩固反腐成效。

此外，不少人认为，检察机关应通过审查起诉，对监委调查进行监督。[1]这体现了对检察机关约束监察机关调查权的期许，但是从法律依据来看，监察法、刑事诉讼法没有明确检察机关是否可以监督监察调查。但在实践中，检察机关可以通过证据审查、对调查中的违法行为进行违法性制裁和不起诉等途径对调查行为进行有效制约。比如，非法证据排除规则就是监察机关调查职务犯罪案件的一种制约机制。[2]法法衔接的内容和程序在监察法和

〔1〕 参见卞建林：《监察机关办案程序初探》，载《法律科学（西北政法大学学报）》2017年第6期；汪海燕：《监察制度与〈刑事诉讼法〉的衔接》，载《政法论坛》2017年第6期。

〔2〕 参见汪海燕：《监察制度与〈刑事诉讼法〉的衔接》，载《政法论坛》2017年第6期。

《监察法实施条例》中有诸多规定，这些规定将监检协作的政策规定转化为法条的形式，体现了监察实践探索的进展或成果，但目前还未到完善的程度，前文探索的若干问题都还需要本着纪法贯通、法法衔接的原则，在今后出台的监察法规中予以更具操作性的规定。

第四节　坚持民主立法

监察法规立法是建设法治中国的重要一环，应充分发扬民主，拓展社会参与的深度和广度。这不仅有利于提高监察法规的社会知晓度、认同度，也有利于促进监察法规立法的科学化。

一、监察法规立法的内在要求

在监察法规制定中坚持民主立法，是由我国的立法理念和原则决定的。我国是人民主权国家，国家政治体制是以马克思主义经典作家的“人民主权观”为理论基础，以人大为制度基础的“授权与监督”的政治体制。人大以人民的名义行使国家的立法权力和重大决策权，反映人民的意志。立法活动的根本任务就在于保障人民充当国家主人的权利，使所立之法代表人民心声，反映人民利益诉求，让人民权利通过法律法规的创制而更有保障。因此,我国宪法规定了权力的人民性,[1]立法法明确规定坚持公开立法,畅通公民参与立法活动的途径。[2]开门立法体现了人民主权原则,也体现了公民政治上的表达权、知情权、参与权和监督权等基本权利在立法活动中的落实。[3]

在监察法规制定中坚持民主立法,是由立法者的局限决定的。从历史常识来看,立法者不是神,也不是历史规律的预言家,立法是否真正符合实际需要,是否能真正为生产发展提供动力,还需日后检验。因此,在立法中应极力避免国家担任“唯一立法者”的角色,在肯定国家适度有效建构必要性的同时,积极引入社会力量同国家一道参与立法过程,鼓励社会按其固有的制度演进。正如哈耶克强调社会自发力量的重要性时所言,试图有一个无所不知的头脑安排设计一切是不可能的,应尽量调动和发挥社会自发力量。[4]如此,我们才能建立立法与社会相互促进的机制。

在监察法规制定中坚持民主立法,是由立法需要适当纠偏决定的。从立法纠偏机制来讲,民主是治疗法律不良症的良药,立

〔1〕《宪法》第2条第1、2款规定:一切权力属于人民,人民行使国家权力的机关是全国人大和地方各级人大。

〔2〕《立法法》第6条第2款规定:立法应当体现人民的意志,发扬社会主义民主,坚持立法公开,保障人民通过多种途径参与立法活动。

〔3〕参见姚小林:《地方立法中的公众参与:广东样本、规范与模式转换》,载《广东行政学院学报》2020年第1期。

〔4〕参见[英]弗里德里希·奥古斯特·冯·哈耶克:《通往奴役之路》,王明毅等译,中国社会科学出版社1997年版,第24页。

法质量提升的捷径在于吸纳公众积极参与立法。[1]充分采纳民众的意见，将其"意见"转化为"意志"，可以使立法获得某种正当性许可，同时可以对立法实行监督和制约，防止立法权力被不当使用。因此，在监察法规立法中，应坚持人民的主体地位，从制度机制上明确若干必不可少的阶段，让民意通过制度化的渠道进入立法过程，避免公众只有提出立法建议的权利而无实质参与的权利。在民意的引进阶段，应及时发布相关的信息，让公众知晓可以在何时何地提出对立法的建议，顺畅地进入立法表达的程序。在民意的吸收阶段，监察机关应鼓励各种意见的表达，认真听取来自不同行业人士的意见，不能事先预设正确意见或存在偏见。在民意的使用环节，监察机关应认真甄选有价值的意见，对于合理的部分予以采纳，不忽视任何有利于完善立法的建议，避免监察立法中公众立法意见权与获得回应权相割裂，从而使人民的意志和意愿最大限度地体现在监察法规的制定中。

二、促进监察法规的内外统一

民主立法的作用在于公平公正地分配社会稀缺资源，让每个人都能感受到社会公平正义，而这种分配必然是通过权利和义务的配置来实现的。[2]提高监察法规的立法民主性，关系到社会各

〔1〕 参见蔡定剑：《民主是治疗法律不良症的良药》，载《法学论坛》2003年第2期。

〔2〕 参见张婷：《立法理由说明研究》，中南财经政法大学2018年博士学位论文。

阶层对公权力这一特殊社会资源分配格局的合法性认同，当前尤其需要做好对公共意见采纳情况的反馈和说明。《监察法实施条例》在征求意见之后，经过对比，正式稿共修改160余处，这说明正式发布稿较为充分吸收了公共的意见，但是对公共意见具体采纳的理由、过程和结果并没有公之于众，使得采纳的程序不够透明。在接下来的监察法规制定中，应进一步完善相关程序，保障民主立法的原则落地落实。此外，需要注意的是，要从根本上改变这一状况，仅靠监察机关一家是不够的。我国的立法制度是代议制民主即间接民主的立法模式，法律明确规定如何提案、审议表决和公布，[1]但遗憾的是，立法法赋予公众直接参与的权利较少。在审议阶段，可以对法律草案以书面的形式发表意见，但这些意见很可能因为不能及时传达而被忽略。同时，公众还有参加立法论证、听证、座谈的权利，以及立法项目的建议权。但表决权作为一项关系是否立法的决定性权利，并未被赋予公众，而是由各立法主体实施。可见，直接民主在立法中所起的是补充和优化作用，而无法起到主要作用，这就更加要求把有限的参与权用好用足，促进立法质量的提高。

---

〔1〕 根据我国《立法法》第29、30条规定，委员长会议、国务院、中央军事委员会、最高人民法院、最高人民检察院、全国人大各专门委员会、常委会组成人员10人以上联名，可以向常委会提出法律案，除此以外者，均无法律案的提案权。《立法法》还规定，法律案一般应当经过三次常委会会议审议再交付表决。

民主立法对于监察法规立法具有实质和形式的双重意义。实质立法的本质，决定了其反映的是经过选择的人民意志。[1]在监察法规立法中，提高实质的民主性，应着重体现在通过各级人大和人大代表行使立法权，如实反映公民的诉求和意志。一方面，立法内容不是源自某些利益群体的特定意志，只为少部分人服务，而是代表绝大多数人的集体意志。另一方面，立法内容所维护的也不是个体利益的简单相加，而是经过理性分析之后，将真正合乎民众利益的诉求上升为国家意志。提高监察法规立法的形式民主性，要求在监察法规立法的各阶段都要贯彻民主原则，要求监察法规立法外部程序规则和内部议事规则都应体现民主精神。比如，立法决定应遵循多数票决的合议制，实际参会人数应达到法定人数的半数以上，表决同意的参会人数也应占到半数以上。在立法的外部活动上，应拓宽民众参与立法的渠道途径，使民主体现在监察法规制定的每个环节、程序和规则中。

三、为监察法规的制定提供智力支持

民主立法汇集各种声音，为监察立法决策提供重要依据。在现代社会，经济的发展和开放的世界，使人们的认识更加多样化、利益更加多元化、需求更加广泛化，立法在错综复杂的环境中

〔1〕 参见周旺生：《论中国立法原则的法律化、制度化》，载《法学论坛》2003年第3期。

所要解决的问题和矛盾数量大大增加。不同群体和阶层代表都寻求在立法中实现自身的利益诉求，这就对立法提出了更高的要求。监察法规的立法应“从制度上保障民主立法的沟通、博弈与妥协”〔1〕，让不同的利益诉求都尽可能在民主法治的框架下充分表达出来，为立法决策者作出决断提供重要依据。

优质的立法，需要借助集体的心智力量。监察法规制定作为肩负反腐重要使命的立法，相比一般的法律法规制定，其立法要求理应更高，光靠立法机关工作人员是远远不够的，而应借助不同行业背景的专业人士，集中各方智慧和力量，提高监察立法的质量。比如，民主立法有利于运用民众的专业知识提高立法语言的质量。立法语言不仅是技术，也是艺术，需要把握其明确性和模糊性、原则性和灵活性，不同专家的参与能够更好地发现立法语言的问题，提出完善建议。民主立法也有利于运用民众的专业知识和经验提升立法论证的质量。各路专家站在不同的视角看问题，有利于判断采用何种立法思路更科学，立法措施是否可行，是否能取得预期的社会效果等，从而夯实立法的论证基础。立法既要为人民的利益服务，也要借助人民的力量，监察法规也是如此，只有真正践行开门立法，才能让更多善言贤思助力监察立法质量的提升。

---

〔1〕 李林：《立法的沟通与协调》，载《浙江人大》2007年第4期。

四、为监察法规的实施提供监督保障

在法律社会中，只要有法律存在，就需要有法律监督与其并存，作为法律的保障。[1]民主立法，有利于人民群众参与立法，从而能够更加积极而准确地监督法律的实施，发挥监督法律执行与遵守的重大作用。监察法规需要通过民主立法，激发广大群众的主人翁意识，提高其监督监察法规立法的积极性和主动性，从而保障监察法规的立法质量。

民主立法有利于监察法规的实施。监察法规的立法意义需要得到民众的认同，才能为其顺利实施提供社会条件。这是因为人们有了法律的知识，就不容易明知故犯，将大大增强守法的自觉性；同时民众对立法内容的了解，有助于其参与对公职人员的监督，行使法律所确认的监督权利；借助民众监督的力量，可以让监察法规更加容易落实，从而成为真正规范公职人员用权行为的有效规则。

〔1〕 参见卓泽渊：《法治国家论》(第4版)，法律出版社2018年版，第341页。

第四章　监察法规的制定权限

立法权是一个综合权力体系。监察法规的制定权，涉及不同的权力主体，各权力主体是否应被赋予权力以及赋予多大权力，是研究的主要内容。具体而言，首先应明确监察法规的制定主体，其次应明确制定主体之间的权限划分以及各自的效力位阶，这些问题对监察法规的制定具有重要的意义。

第一节　国家监委是制定监察法规的法定主体

立法活动关乎国泰民安，是重要的政权活动，只有交由特定的主体来处理，才能保证构建符合国家和社会发展所需的规范体系。国家监委作为目前监察法规制定的唯一合法主体，把握其立法权限首先要理解其职责定位；其次，因国家监委的立法活动跟中央纪委和全国人大密不可分，理解国家监委这一立法主体，还必须理解和把握其与中央纪委和全国人大的关系。

一、国家监委与原国家监察部的区别和联系

立法主体应依职权立法。职权法定，是现代法治国家一切公权力运行的基础与前提，[1]否则，立法主体就可能渎职或滥用职权，不善待自身权力，产生诸多弊端。国家监委作为监察法规的制定主体，其主要职责在于监督、调查和处置，其对监察法规的制定应紧紧围绕其法定职责进行。[2]

理解国家监委的法定职责，简要回顾一下纪委监委合署办公的历史，特别是前后两次合署办公的区别和联系是有必要的。自中华人民共和国成立后先后成立纪委和行政监察部门，此后二者一直分属党的系统和政府系统。行政监察部门和纪律检查机构的合署始于 20 世纪 90 年代初，1993 年监察部和中央纪委合署及其后地方行政监察部门和纪律检查机构的合并，解决了两个机构职能相近、职责交叉的问题，但其运行模式仍没有完全突破，监察部本身仍属于政府序列，受政府管理，是政府的下属机构。2018 年在之前改革的基础上，在体制上进行了更大幅度的突破，新成立

〔1〕 参见魏昌东：《监督职能是国家监察委员会的第一职能：理论逻辑与实现路径——兼论中国特色监察监督系统的规范性创建》，载《法学论坛》2019 年第 1 期。

〔2〕《监察法》第 11 条规定：监察委员会依照本法和有关法律规定履行监督、调查、处置职责：(1) 对公职人员开展廉政教育，对其依法履职、秉公用权、廉洁从政从业以及道德操守情况进行监督检查。(2) 对涉嫌贪污贿赂、滥用职权、玩忽职守、权力寻租、利益输送、徇私舞弊以及浪费国家资财等职务违法和职务犯罪进行调查。(3) 对违法的公职人员依法作出政务处分决定；对履行职责不力、失职失责的领导人员进行问责；对涉嫌职务犯罪的，将调查结果移送人民检察院依法审查、提起公诉；向监察对象所在单位提出监察建议。

的监委不再是政府序列的行政机关，而是跟政府并列的一委。同时，监察部与国家监委还有其他区别：两者的议事机制不同。监察部有部长办公会，有相对独立的议事决策权限和干部任免权限，而国家监委则没有独立的决策权和组织人事权。两者的监察对象范围不同。监察部主要职能是行政监察，其监察对象仅覆盖国家行政机关和公务员，覆盖面较为狭窄，而国家监委的监察对象则覆盖所有中央层面的党和国家机关公职人员。两者的权力行使依据不同。国家监察部以行政监察法和相关行政法规为权力行使依据，国家监委则是以监察法及相关监察法规为权力行使依据。

二、国家监委与中央纪委的关系及运行机制

国家监察体制改革将新成立的国家监察机构和纪律检查机构合署，虽仍是两个机关名称，但实则是同一批人马，同一套工作机制，且这套机制的运转是在党的统一领导之下进行的。在新的合署办公的运作模式下，国家监委首先要接受中央纪委常委会的领导，无论是履行监督调查处置职责，还是进行监察法规的立法活动，都要在中央纪委常委会的统一领导下进行，重大事项都要向中央纪委常委会报告、经过中央纪委常委会审议批准，并经过中央纪委常委会接受中共中央的领导。国家监委本身不设党组，没有独立的组织人事职能，国家监委主任由中央纪委常务副书记兼任，副主任由纪委副书记兼任，大部分监委委员也是由纪委常

委兼任。国家监委与中央纪委在机构、职能和人员等方面全面融合，各内设机构都同时是中央纪委和国家监委的机构，工作人员同时属于中央纪委和国家监委，其执纪、执法职能也是由同一机构、同一人员共同履行，从而使得反腐败机构更加权威高效，有效解决了之前行政监察制度的弊端。[1]比如，案件审理部门同时履行执纪审理和执法审理的两项职能，审理报告也是将违纪和职务违法、职务犯罪一起审理。中央纪委常委会会议对党纪处分和政务处分的意见一并进行研究，并以中央纪委的名义一并报请中共中央审议批准。

三、国家监委与全国人大的关系

国家监委由全国人大产生，向全国人大负责，并受其监督。但国家监委作为党的政治机关，首先是接受中共中央的领导。对全国人大负责和接受其监督的形式主要有专项工作报告、接受人大质询和执法检查等。2020 年 8 月 10 日，国家监委已经向全国人大作过专项报告，首次专项报告的内容为反腐败国家追逃追赃工作。之所以报告这项工作，是因为此项工作属于国家监委的重要职责任务，成效比较明显，社会各方也较为关注。目前，无论是

〔1〕 监察部主要职能是检查国家行政机关执行法律法规和政府决策部署等情况，受理并调查处理对国家行政机关及其公务员违反行政纪律的控告、检举，受理对行政处分决定不服的申诉。

全国层面还是地方层面，人大对监委的各项监督机制正在探索中不断发展完善，其内涵和外延还要不断拓展。

第二节　全国人大与国家监委的立法权限划分

明确各立法主体的立法权限范围，有利于立法者坚守职责定位、坚持目标导向，更好地划定责任范围，督促立法者在权限范围内履职尽责，同时使其立法职责为公众所了解，对立法活动起到监督作用。

一、全国人大及其常委会的立法权限

在立法权限上，全国人大及其常委会的法定职权是由宪法规定的。全国人大的立法权限主要是修改宪法，制定和修改刑事、民事、国家机构和其他基本法律。全国人大常委会的立法权限为：对除应由全国人大制定的法律以外的其他法律进行制定和修改；在全国人大闭会期间，在不同全国人大制定的基本法律的基本原则相抵触的情况下，对其进行部分修改和补充等。授予国家监委监察法规的立法权限就是由全国人大常委会审议通过的。[1]

---

〔1〕 2019年10月26日，第十三届全国人大常委会第十四次会议表决通过《关于国家监察委员会制定监察法规的决定》，明确国家监委有权“根据宪法和法律，制定监察法规”。

国家监委的监察法规立法权源于全国人大常委会的授权，等时机成熟后，其监察法规的立法权才在立法法中予以明确。

二、国家监委的立法权限

目前，监察法规的制定主体限定于国家监委，这一定程度上是由监察法规的适用范围和法律效力决定的。监察法规的主要特征是在全国范围内施行和具有普遍拘束力，而在监察立法领域，符合此种普遍拘束力的规范主要是全国人大及其常委会制定的与监察事项有关的法规范文件以及国家监委制定的监察法规。〔1〕此外，监察立法应贯彻依法监察原则，这就要求监察机关不能任意减损被调查人的权利或预设义务，其监督调查行为应有明确的法律依据，做到法无许可皆禁止。

全国人大常委会《关于国家监察委员会制定监察法规的决定》在解释为何赋予国家监委监察法规制定权时提出，之所以赋予这种立法权限，目的是执行法律的规定，同时是支持国家监委履行领导地方各级监委工作的职责。〔2〕前者是执行性立法，也就是作为执行机关，就委托单位规定的具体事项制定法规加以落

〔1〕 参见秦前红、石泽华：《监察法规的性质、地位及其法治化》，载《法学论坛》2020年第6期。

〔2〕 全国人大常委会《关于国家监察委员会制定监察法规的决定》第1条第2款规定，监察法规可就以下事项作出规定：其一，为执行法律的规定需要制定监察法规的事项；其二，为履行领导地方各级监委工作的职责需要制定监察法规的事项。

实，全国人大常委会是监察法的制定机关，监察法中所涉及的具体事项应当由监察法规来具体落实。后者是出于领导职责。这条容易引起歧义，原因是对“领导职责”的理解不是单一的。广义上的领导职责上至“人财物”的决定权，中至管理制度的制定，下至具体工作的指导，分别对应着领导工作的不同层次。若按此理解，执行法律的规定也可视为领导职责范围的事务，这种包含关系使得分为两条作出规定显得多余。因此，此处的“领导职责”是一种狭义的理解，主要是管理下级单位的行政性职责，比如听取地方监委工作汇报，指导检查工作等，这种行政性管理职责和专业性监察职责的性质是完全不同的。《监察法》第10条和第11条分别列明国家监委领导地方监察机关的工作以及监察机关所要履行的职责。作为两款分别加以说明，可见监察法中监察机关的领导职责的具体内容和基于监察职权的领导职责的内容是不一致的。因此，全国人大常委会《关于国家监察委员会制定监察法规的决定》目前授权国家监委的立法权限还不够到位，除了执行性立法和行政性立法，国家监委的立法权限还应包括监察职责立法权限，也就是为履行其他监察职责需要而制定法规的权限。[1]为更好地完成国家监察体制改革任务，可行的路径在于进一步赋予国家监委职权立法权，特别是关于监督、调查、处置的立法权。

---

〔1〕 参见宋方青、张可：《国家监察委员会监察法规制定权：权限范围与制度构建》，载《湘潭大学学报（哲学社会科学版）》2021年第4期。

三、全国人大及其常委会与国家监委在监察法规立法上的衔接

监察法作为基本法律，其制定出台先后经过全国人大常委会两次审议，并最终提交全国人大审议通过，其间从起草到修改，再到多次审议，中央纪委国家监委同全国人大及其常委会进行了密切而频繁的沟通配合。监察法规作为落实监察法律的配套法规，其制定权限主要在国家监委，其与全国人大常委会的衔接配合自然无须如此复杂，但全国人大常委会作为立法权限的授予方，也应在备案审查等环节发挥把关作用。国家监委的监察法规立法权，在中国监察立法体制中具有承上启下的作用。监察法规以贯彻实施宪法和监察法为基本目的，是对其原则、精神和要求的细化；监察法规相较于全国人大及其常委会制定的法律，所调整的事项更为具体。但只有建立完善的监察法规体系，宪法和监察法的原则精神才能更好落实，因此，全国人大在备案审查的过程中应重点关注其有无违反宪法和监察法的原则精神，对与宪法和监察法原则精神相抵触的条款，应及时责任改正。同时，监委受人大监督是其法定义务，自觉接受人大对其监察法规立法活动的全过程监督，也是题中自有之义，其监督内涵和形式应在今后监察法规的制定中不断探索完善。

第三节　地方人大、地方监委作为监察法规立法主体的可能性

中央与地方关系的核心是中央政权和省级政权的权力划分。[1]这种关系具体到立法权上，主要表现在中央和省级的立法权限划分上。立法法分别赋予了地方人大和地方政府制定地方性法规、政府规章的立法权限，那么能否进一步赋予地方人大和地方监委监察法规和监察规章的立法权限，以及赋予多大的权限，其可能性和空间值得进一步探讨。

一、地方人大、地方政府的立法权限

地方人大及其常委会被赋予的立法权限主要是制定地方性法规，其制定的法规必须结合本区域实际情况和实际需要。[2]《立法

〔1〕 参见汪建昌、李建兵：《我国行政区划调整的六大原则》，载《广东行政学院学报》2010年第2期。

〔2〕《立法法》第80条规定：省、自治区、直辖市的人大及其常委会根据本行政区域的具体情况和实际需要，在不同宪法、法律、行政法规相抵触的前提下，可以制定地方性法规。《立法法》第81条第1款规定：设区的市的人大及其常委会根据本市的具体情况和实际需要，在不同宪法、法律、行政法规和本省、自治区的地方性法规相抵触的前提下，可以对城乡建设与管理、生态文明建设、历史文化保护、基层治理等方面的事项制定地方性法规，法律对设区的市制定地方性法规的事项另有规定的，从其规定。设区的市的地方性法规须报省、自治区的人大常委会批准后施行。省、自治区的人大常委会对报请批准的地方性法规，应当对其合法性进行审查，认为同宪法、法律、行政法规和本省、自治区的地方性法规不抵触的，应当在4个月内予以批准。

法》自2015年修改后就进一步扩展了地方就管理本区域的重要事项进行立法的职能,《立法法》第93条明确规定了地方政府规章的制定事项范围。[1]从法律位阶上来看,地方法规的效力位阶高于地方政府规章,后者不能与前者抵触。

二、地方党委在党内法规立法中的权限

地方党委对于党内法规有一定的立法权限。《中国共产党党内法规制定条例》第11条和第12条规定了省级党内法规的制定权,[2]明确省、自治区、直辖市党委对中央党内法规配套规定、本地区经济社会发展和党建等事项具有直接制定权,这种直接制定权也可称为"创制性党内法规"。之所以这么做,是因为不同地区经济社会发展水平和地理环境、历史文化等不尽相同,党的建设面临的问题或要解决的问题差异较大,赋予省级党委制定党内法规的权力,有利于更好地推进党的建设。[3]同时,该条例还明确

---

〔1〕《立法法》第93条第1、2款规定,省、自治区、直辖市和设区的市、自治州的人民政府,可以根据法律、行政法规和本省、自治区、直辖市的地方性法规,制定规章。地方政府规章可以就下列事项作出规定:(1)为执行法律、行政法规、地方性法规的规定需要制定规章的事项;(2)属于本行政区域的具体行政管理事项。

〔2〕《中国共产党党内法规制定条例》第11条规定,省、自治区、直辖市党委就其职权范围内有关事项制定党内法规:(1)为贯彻执行中央党内法规作出配套规定;(2)履行党章和中央党内法规规定的领导本地区经济社会发展和负责本地区党的建设相关职责。第12条第1款规定:根据党中央授权,就应当制定中央党内法规的有关事项,中央纪委以及党中央工作机关和省、自治区、直辖市党委可以先行制定党内法规,待条件成熟时再制定中央党内法规。

〔3〕参见王春玺、韩苗苗:《加强对地方党委"一把手"权力制约监督的途径与方法》,载《理论探讨》2017年第2期。

规定，省级党委可以在一定条件下对中央党内法规有关事项享有“授权制定权”，也可称为“执行性党内法规”。[1]也就是说，为了落实中央党内法规，省级党委可以根据本地区实际情况，作出相应的配套规定。中央党内法规一般较为宏观、概括、原则，地方党委在落实上不能“上下一般粗”，必须在严格落实中央党内法规精神的同时，突出具体性、明确性和可操作性，平衡原则性与具体性之间的关系，将二者有机结合起来。因而，省级党委有权结合本地区实际情况，行使授权制定权，将中央党内法规较为抽象的规定加以细化和具体化。

三、赋予地方人大、地方监委监察法规制定权的空间

目前，监察法规的制定主体局限于国家监委，但从理论和实践需要来看，赋予地方人大和地方监委一定的监察法规立法权，也具有较大的必要性、合理性和可行性。同时，对地方人大及其常委会监察法规制定权的赋予，更多是一种程序性意义，是为了解决监察实践中的问题，且其立法议题主要由监察机关发起并具体起草，因而对地方监察机关监察规章制定权的探讨更有实质性意义。对地方监察机关监察规章制定权的探讨实质上也是在探讨地方人大及其常委会的监察法规制定权。

---

〔1〕 参见王裕根：《党内法规实施后评估标准的类型化构建——以省级党内法规作为考察对象》，载《上海政法学院学报（法治论丛）》2021 年第 2 期。

其一，有利于划清监察法规和党内法规的合理界限。在合署办公体制下，监察制度与纪检制度并列运行，纪检监察机关集执纪和执法两项职责于一身，监察法律规范和党内法规的界限带有一定的模糊性。实际上，反腐治理与制度功效存在一定的耦合，比如纪检监察机关同时发文，通过党内法规来为监察运行提供规则，导致一些监察制度与纪检制度趋同，并最终可能丧失其自身的法治特点与优势。[1]例如，监察谈话与纪委谈话、监察建议与纪律建议等，往往是结合在一起作出并实施的，二者经常难以切割和区分。通过赋予地方监察机关监察规章制定权，充分尊重地方监察机关自主性，可以有效避免地方监察机关产生“纪法混淆”的问题。另外，纪检监察制度具有不同的属性，但是也有很大相通性，将一些规范纪检权的党内法规制定经验运用到地方监察法规制度体系的构建中，从立法或制度构建层面也有利于实现纪法贯通。

其二，有利于实现对地方监察制度实践的有效指引与纠偏。[2]授予地方监察机关一定的立法权，有利于解决地方监察制度运行中的问题。实际上，有些地方监察机关在地方监察立法权尚未明确之前，就已经基于本地实际情况制定出台了许多规范性文件，除贯彻上位文件要求之外，主要是针对性地解决本区域出

[1] 参见曾哲、丁俊文:《问题展开与路径阐释：依法监察理论与地方监察立法之证成》，载《河北法学》2020年第10期。

[2] 参见吴园林、刘昱成:《监察权性质新论》，载《河北法学》2021年第2期。

现的一些问题。比如，贵州省纪委制定下发了《关于进一步规范明确“四种形态”运用中组织措施和处分种类的通知》，用以解决“四种形态”特别是各种形态之间的转化标准、程序不明而导致的执纪执法手势不统一、处罚尺度畸轻畸重等问题。[1]因此，赋予地方监察机关一定的立法权，不仅能补上监察制度的漏洞，更为重要的是有助于促进地方自我管理、自我完善，提高地方监察治理能力，为全国性监察规范的制定积累经验。

其三，有利于划定地方监察权的法律执行范围。地方监察机关履职的法律依据，除监察法、监察官法、监察法实施条例等主要法律法规之外，还涉及刑法、刑事诉讼法、公务员法等若干直接或间接相关的重要法律法规。赋予地方监察机关监察规章制定权，能够细化其职能的履行标准，既可缓解上位法的供给不足，又能划定地方监察权的法定事项范围，明确其权力的界限，避免各类法律法规适用混淆的状态。

其四，从我国的法律制定传统来说，赋予地方监察机关立法权具有一定的可行性。法规制定权同时配备规章制定权，已成为一种稳定的立法模式。[2]比如，为了执行行政法规，行政法规的制定权同时配备部门规章制定权。与此类似，为了执行地方性法

[1] 参见黄文胜:《实事求是运用四种形态》，载《中国纪检监察报》2020年4月16日，第8版。

[2] 参见王建学:《监察机关立法权纵向配置研究——基于地方试点的视角》，载《四川师范大学学报（社会科学版）》2020年第5期。

规，地方性法规制定权同时配备地方政府规章制定权，以及其他规范性文件的制定权，这种规范层级不断递减，共同构成完整的立法体系。由此推之，监察法规的制定权也可配套监察规章制定权及监察规范性文件制定权。通过多种类型规范的存在，上下级规范之间才能相互贯通、相互配合，从而更好地得到落实。

其五，从监察领导机制上来看，赋予地方监察立法权具有一定的合理性。由于国家监委与地方监委在纵向上是领导与被领导的关系，这种领导体制借鉴了国务院与其下属部委的领导体制，〔1〕且这种领导体制特别强调，也特别需要上下级之间在组织和职权上保持规范上的协调一致。但关于组织体制和具体职能等，每个地方的情况实际上难以统一。因此，允许地方监察机关制定更为具体的执行性规范，一定程度上能够保证监察体制得到更好的落实，并能通过各地多元化的实践及检验找到最佳的制度方案。

第四节 监察法规的效力位阶

所谓位阶，是指一部法律在法律体系中的效力层级，以及它与其他不同法律之间上下左右的相互关系。〔2〕在我国，法律效力

〔1〕 参见王建学：《监察机关立法权纵向配置研究——基于地方试点的视角》，载《四川师范大学学报（社会科学版）》2020年第5期。

〔2〕 参见张波：《论地方立法在构建和谐社会中的地位和作用》，载《求实》2010年第S1期。

位阶的划分在宪法和立法法中有专门规定。位阶的大小，主要取决于各立法主体的权力位阶。监察法规的效力位阶，可以通过与不同性质和地位的规范性文件的位阶比较来判断。〔1〕

一、监察法规与监察规范性文件、党内法规的关系

比较监察法规与监察规范性文件的效力，首先要比较监察法规与国家监委制定的监察规范性文件的效力。国家监委制定的监察规范性文件，是指可以在全国监察系统普遍适用的规定，在各类监察规范性文件中效力最高。出于行文简便，此处讨论的监察规范性文件重点指国家监委制定的监察规范性文件。相较于监察法规，监察规范性文件制定程序简便，文种形式和内容表述灵活多样，政策性和实效性往往较强。〔2〕从法理上看，监察法规的效力高于监察规范性文件。监察规范性文件毕竟不是法律法规，在制定标准、程序等方面的要求不如监察法规，其质量大多也不如监察法规，因此不具有与监察法规相等的法律效力。但监察规范性文件的类型多样，在规范监察工作的实践中，其效力问题十分复杂，并不必然低于监察法规。同时，在纪委监委的制度规范体

〔1〕 参见秦前红、石泽华：《监察法规的性质、地位及其法治化》，载《法学论坛》2020年第6期。

〔2〕 参见贾圣真：《论国务院行政规定的效力位阶》，载《中南大学学报（社会科学版）》2016年第3期。

系中，党内法规一般比监察规范性文件的效力高，党内法规与监察法规的效力问题则更加复杂，必须放在具体情境中进行具体分析，不能一概而论。

监察法规的效力并不完全高于监察规范性文件和党内法规。监察法规与行政法规既有共性，也有不同。其共性体现在两者的效力都低于法律，不同之处则在于监察法规的效力并不一定总是高于规范性文件。考虑到纪委监委虽是两个机关名称但实则一体运作，监委的运作受党内法规的规范，监察法规的效力问题就更加复杂了。笼统地说监察法规的效力高于党内法规，或监委制定的规范性文件是不对的，也不符合实际。对监察法规效力的讨论，必须放在与党内法规和监察规范性文件的比较中进行。比如，《中国共产党纪律检查机关监督执纪工作规则》作为涉及纪检监察机关的最重要的党内法规之一，既是规范纪委的，也是规范监委的，它由党中央批准制定，以中共中央办公厅的名义印发，是中共中央给各级纪委监委立的规矩，其重要性不仅不低于一般性的监察法规，甚至比《公职人员政务处分法》等专门法律在纪检监察机关自我约束、履职规范的内部治理场景中发挥更为直接的作用。再比如，为了落实监察法、规范监察机关运作，纪委监委出台了《监察机关监督执法规定》，这个文件也是规范纪委监委运作的最为重要的文件之一，对监察机关进行初核等各类调查措施的审批程序和使用条件作出了细致规定，规定了监委必须报批同级党委（党委书记）的事项多达十余项，较监督执纪工作规则对纪检监察机关的权力运行提出了更加严格的限制。[1]这个规定当然不是党内法规，但也并不符合监察法规的制定程序和特征，因而不是监察法规；其在属性上应属于规范性文件，但这个规范性文件不同于一般性的规范性文件，不能认为其效力和重要性低于监察法规。之所以监察法规的效力的复杂性明显高于行政法规，是因为这涉及了中国特色的法治特点，涉及了法律与政治、法律的权威性与党的领导的关系。所以说，对于监察法规、党内法规和监委的规范性文件，很难笼统地说谁的效力更高。

监察法规的效力应放在具体所处的阶段和情境中进行界定。首先看针对的问题处在什么阶段，是在纪律处分、政务处分的阶段，还是在处置等级最高的涉嫌犯罪移送司法的阶段。因为目前监察法规立法还比较少，此处单纯地讨论监察法规的效力意义可能还不大，所以把监察法规和监察法律的效力一并来讨论。以监督执纪"四种形态"为例，其是纪检监察机关处理问题的四种主要方式，不仅适用于纪委，适用于违纪问题，也适用于监委，适用于职务违法和职务犯罪问题，较为集中地体现了党的纪律等党内法规和监察法律法规，监察法律法规和刑法、刑事诉讼法等法律的关系。同时，党内法规、规范性文件、监察法律法规与一般法律的效力问题也在监督执纪"四种形态"上得到了集中体现。纪委监委平时处理的问题主要涉及前三种形态，执纪执法的依据主

---

〔1〕 参见《十九届中央纪委四次全会工作报告提到的10部法规制度》，载《支部建设》2020年第9期。

要是党内法规以及规范性文件。在这种情况下，监察法规更多是一种补充，比监察法规位阶更高的监察法、政务处分法等也是如此。那么，监察法规的重要性何时会凸显出来，甚至居于主导地位呢？这就要等到涉及纪法衔接的阶段，也就是监督执纪中的第四种形态，涉嫌严重职务犯罪的要移送司法。在这个环节，证据的标准、调查取证的过程和审批的程序等都应按照法律特别是刑法、刑事诉讼法的要求进行，与其相对接，以满足移送检察院起诉和法院审判需要。此时，就不可能以党内法规或监委规范性文件为依据和标准，监察法律及监察法规的重要性开始凸显并上升到主导地位，也可以说，监察法规的效力得到极大凸显。

二、监察法规与部门规章和地方监察规章的关系

按照《宪法》第 90 条第 2 款、《立法法》第 91 条第 2 款的规定，〔1〕部门规章的制定要依据其上位法，主要是人大制定的基本法律，国务院制定的行政法规、通知、决定，部门规章规定的调整事项应当是为了执行法律或者行政法规、决定、命令。〔2〕因此，国

〔1〕《宪法》第 90 条第 2 款规定：各部、各委员会根据法律和国务院的行政法规、决定、命令，在本部门的权限内，发布命令、指示和规章。《立法法》第 91 条第 2 款规定：部门规章规定的事项应当属于执行法律或者国务院的行政法规、决定、命令的事项。没有法律或者国务院的行政法规、决定、命令的依据，部门规章不得设定减损公民、法人和其他组织权利或者增加其义务的规范，不得增加本部门的权力或者减少本部门的法定职责。

〔2〕参见贾圣真：《论国务院行政规定的效力位阶》，载《中南大学学报（社会科学版）》2016 年第 3 期。

务院行政法规效力高于国务院部门规章。借鉴行政规章与行政法规的关系，虽然目前国家监委部门还未发布部门规章，但从法理上讲，监察法规的效力高于国家监委的部门规章。同时，国家监委发布的监察法规效力高于地方监察规章。这是由两者之间领导与被领导的关系所决定的。此外，即使将来可以制定监察自治条例、单行条例，自治条例和单行条例的制定虽可以依照当地民族的实际情况，对监察法规的内容进行灵活变通，但也不得违背监察法规的基本原则，不得变通监察法规专门就民族自治地方所作的规定。

三、监察法规与人大制定的法律法规的关系

在我国，狭义法律指的是专门的法律，即全国人大及其常委会制定的法律。一般情况下，监察法规与狭义法律的位阶关系，应当遵循“法律优越”原则。所谓“法律优越”，其基本含义是“不得违反法律、不与法律相抵触”〔1〕。具体到监察立法领域，就是监察法规的制定必须在法律的框架下进行，而不能违反法律。由于监察法规的制定主体是最高监察机关，监察法律的制定主体是最高权力机关即全国人大及其常委会，而监察法规的制定主体由最高权力机关产生，其立法权由全国人大常委会授予，这就决定

〔1〕 王贵松：《论行政法上的法律优位》，载《法学评论》2019年第1期。

了监察法规的内容不能同最高权力机关制定的监察法律内容相抵触，其效力位阶要低于监察法律，当它们不一致时，应以监察法律为准。同时，关于监察法规与地方人大制定的监察法规的效力问题，国家监委发布的监察法规效力应高于地方人大制定的监察法规，这是由两者所处的不同层级决定的。

四、监察法规与法律解释的关系

所谓法律解释，是解释机关对法律文本含义的理解与说明，[1]其通常被认为是对现有法律缺陷的一种有益补充。[2]关于监察法规和法律解释两者的关系，要具体问题具体分析，根据不同法律解释的性质和效力的不同而有所不同。

第一，监察法规与立法解释的关系。立法法规定法律解释权[3]属于全国人大常委会，[4]全国人大常委会的法律解释和其所

---

〔1〕 参见张志铭：《法律解释原理》（上），载《国家检察官学院学报》2007 年第 6 期。

〔2〕 施拉依马赫将解释学定义为“避免误解的学问”；狄尔泰给解释学所下的定义是“关于理解的艺术的科学”；美国学者帕森斯认为“解释功能可以说是法律制度的核心功能”；在《真理与方法》中，伽达默尔写道：“法律不是摆在那儿供历史性地理解，而是要通过被解释变得具体地有效。”参见［德］汉斯－格奥尔格·伽达默尔：《真理与方法》，洪汉鼎译，上海译文出版社 2004 年版。

〔3〕 《立法法》第 48 条第 2 款规定，法律有以下情况之一的，由全国人大常委会解释：(1)法律的规定需要进一步明确具体含义的；(2)法律制定后出现新的情况，需要明确适用法律依据的。但基于修改权和解释权的区分，这种补充还是有一定限度的，不能超出修改限度。在补充性规定上，法律和监察法规两者的权限范围不同。监察法规方面，其补充仅限于“为履行领导地方各级监察委员会工作的职责需要制定监察法规的事项”。

〔4〕 《立法法》第 48 条第 1 款规定：法律解释权属于全国人大常委会。

解释的法律具有相同的法律位阶。[1]因此，监察法规的位阶低于立法解释。

第二，监察法规与司法解释的关系。从制定的主体来看，由于“两高”及国家监委都属于中央一级国家机构，是国家政权体系的一角，因此监察法规与司法解释具有同等位阶。

第三，监察法规与监察解释的关系。由于目前监察解释还没有明确的定义，借鉴司法解释的概念和立法法的规定，[2]“监察解释”可界定为“国家监察委员会作出的关于监察工作中具体应用法律的解释”[3]，该解释必须遵循立法目的和立法原则。虽然监察解释的存在具有一定的合理性，但由于监察解释的概念还未正式提出，因而不是有权解释。

---

〔1〕《立法法》第53条规定：全国人大常委会的法律解释同法律具有同等效力。

〔2〕《立法法》第104条第1款规定：最高人民法院、最高人民检察院作出的属于审判、检察工作中具体应用法律的解释，应当主要针对具体的法律条文，并符合立法的目的、原则和原意，遇有本法第45条第2款规定情况的，应当向全国人大常委会提出法律解释的要求或者提出制定、修改有关法律的议案。

〔3〕秦前红、石泽华：《监察法规的性质、地位及其法治化》，载《法学论坛》2020年第6期。

第五章　监察法规的制定程序

程序，指的是作出法律决定的过程、方式和关系。[1]正如法律存在善恶之分，程序也存在类似的价值判断问题。[2]这涉及法律程序的内涵价值或正当性。法律程序的作用，具体到立法层面，简单地说就是抑制立法者的任性。本章重点围绕监察法规的制定程序，探讨其制定程序的含义、作用以及步骤，阐明监察法规制定程序的特殊性要求。

第一节　监察法规制定程序的含义

监察法规的制定程序是有权的国家机关制定监察法规的步骤和方式。立法行为的程序性是立法科学性的构成要件，[3]完善的监察法规制定程序，能够提升监察法规的科学性。监察法规的制定程序，应符合专门性、政治性和严谨性的要求。

〔1〕 参见孙笑侠：《程序的法理》（第2版），社会科学文献出版社2017年版，第15页。

〔2〕 参见苏新建：《程序视角下的议会》，载《当代法学》2005年第5期。

〔3〕 参见关保英：《科学立法科学性之解读》，载《社会科学》2007年第3期。

一、监察法规的立法程序应具有专门性

监察法规的立法程序具有适用主体的专门性，是因为监察法规的立法程序是有权的国家权力机关、监察机关以及法律授权的其他机关在监察法规立法活动中必须遵循的步骤和方式。这里的有权机关，是指专门的、法定的监察法规立法机关，也包括宪法、法律授权可以行使监察法规立法权的其他机关。监察法规的立法程序具有专门性这一特征，反映了监察法规立法程序适用主体的专门性和法定性。监察法规作为与行政法规同等位阶的法规，为保证监察法规制定程序的专门性，应参照规范行政法规制定的专门性法规《行政法规制定程序条例》制定《监察法规制定程序条例》，使监察法规的制定更加规范有序。

二、监察法规的立法程序应体现政治性

监察法规的制定主体是专责从事监察工作的国家监委，而国家监委的第一属性又是政治机关（这不仅是监委的自我定位，在不少制度性规范中也有明确的规定），其政治使命是将反腐的战略安排提升为立法意志，通过完善的监察法规推动监察工作规范化、专业化和合法化。因此监察法规的制定程序应体现政治性的要求，在监察法规制定的各环节都体现党的意志和主张，从监察

法规的立项到最后的决定，都应在党的领导下，坚持民主集中制，集体审议、集体决策，履行严格的请示报告程序，不仅应报告立法的结果，也应报告立法的过程，特别是立法的各个重要环节都应按程序请示报告。此外，一些重要的法规在提出立法规划和制定的过程中也要向党中央报告，经党中央批准。从实践运作看，目前监察法规的制定体现了强烈的政治性。监察法规的立项由国家监委在中央纪委常委会的领导下，制定年度监察法规的立法计划，确定哪些项目符合立法需求，然后由国家监委的下属法规部门起草法规；[1]审查也是由法规部门负责，而最后的通过是由中央纪委常委会决定的，中央纪委的书记、副书记和常委是会议的主要参加人员。国家监委主任、副主任因其在中央纪委常委会的职务参加会议并有投票表决权，不担任常委的国家监委委员列席会议，无表决权。

三、监察法规的立法程序应具备严谨性

监察法规的制定程序作为监察制度的重要组成部分，其本

〔1〕 2021年5月31日，由中国政法大学国家监察与反腐败研究中心主办、中国政法大学法治政府研究院承办的“监察法实施条例（征求意见稿）”专家研讨会在北邮科技大厦顺利举行。会上，陈三坤代表中央纪委国家监委法规室发言，提出期待通过此次研讨会集思广益，为《监察法实施条例》的制定贡献智慧、献言献策。相关内容参见《“监察法实施条例（征求意见稿）”专家研讨会在北京顺利举行》，载中国政法大学法治政府研究院官网2021年6月5日，http://fzzfyjy.cupl.edu.cn/info/1021/13009.htm。

质是通过严谨的制定程序，让监察法规的质量得到保证，最终实现“以权制权”。监察法规规制的对象是所有行使公权力的公职人员，而监察法规制度建设的严密性、科学性关系到“以权制权”的最终效果。因此，监察法规的制定程序既应符合相关的法律规定，也应把握政治原则，将法律规定的程序和党内运作规则结合起来，实现二者的有机结合。监察法规的制定程序应从整体上加以把握，在对具体程序的设置上，充分考虑如何设计才能发挥其应有的作用，尤其是应通过理论政策学习、调查论证和监督执行来保障制定程序与制定内容紧密贴合，防止落入形式主义，确保监察法规的立法质量。

第二节　监察法规制定程序的作用

立法要符合权限要求和程序性规定，[1]明确立法程序的法律地位和规范作用。监察法规立法是国家立法的重要组成部分，应当遵循程序法定的基本原则，以科学严密的程序将政治性要求和法律性规范有机融合，使监察法规在规制公权力运行上发挥应有的作用。

---

〔1〕《立法法》第5条规定：立法应当依照法定的权限和程序，从国家整体利益出发，维护社会主义法制的统一、尊严、权威。

一、保证监察法规立法内容的科学性

监察法规立法程序直接体现和影响监察法规立法的内容，是监察法规得以顺利实现的保证。监察法规立法活动处于监察法律法规体系建设的核心环节，直接关系监察法规的最终质量，影响我国将反腐败纳入法治轨道的战略意图的实现。因此，为了确保监察法规立法的科学性、严肃性和有效性，更加有效地调节监察法规领域的社会关系，实现监察法规的立法目的和意图，应坚持科学立法，为规范监察法规立法决策行为全过程制定出具有规范效力的准则，使监察法规立法主体严格遵循，实现监察法规立法程序的法制化，防止和杜绝草率立法。

二、保障监察法规立法决策的民主性

监察法规立法程序是监察法规立法权限的行使程序，是对权力进行制约的程序和步骤。监察法规立法程序的法制化必须是在民主政治基础上的法制化，通过这种法制化的监察法规立法程序，可以保障监察法规立法决策的民主性。在我国，要切实做到监察法规建设和监察法规立法有法可依、有法必依，就必须实现监察法规立法程序的法制化，使之充分体现社会主义民主政治的要求，使监察法规立法程序中的各个环节、步骤和方式都具有法定的效力，使社会主义民主作为一条主线贯穿监察法规立法的始终。

三、确保监察法规立法权力的合法性

权力的健康运行必须以接受监督为前提。监督的手段是程序。只有精心设计规则，才能对权力进行有效的制约和规范。程序规则划清权力的边界，明确权力可以作为的空间，划定权力禁止作为的负面清单，防止权力对权利的侵犯。而权力的程序化，就是使权力分解到明确的程序和具体的步骤之中，为权力设置行使的标准。〔1〕监察立法程序本身就是一种内部监督，监察立法权的程序化，可以避免立法权的专横，确保监察立法权在一套公正、民主、科学的程序性规则中运行。

第三节　监察法规的制定步骤

一切立法，首先要考虑的是程序问题。法律的优劣，可以通过法律程序表现出来，且从法律程序中可见立法者的法律素养和法律技术。〔2〕以程序立法，不仅体现立法的严肃性，而且能确保法律

〔1〕 参见苗连营、宋雅芳：《立法程序的功能分析》，载《河南省政法管理干部学院学报》2000 年第 3 期。

〔2〕 参见章戎编著：《法理学原论》，云南大学出版社 2007 年版，第 207 页。

经得住实践的检验，维护其权威性。监察法规的立法应重视程序的设定，通过设置严谨的制定程序，增强立法的正当性。[1]在监察法规尚未发展出专门的制定程序之前，可借鉴已经相对成熟的行政法规制定框架，具体分为“立项—起草—审查—决定—公布—备案—解释”七个步骤，[2]将监察法规的制定过程分解为一道道程序，并有针对性地解决监察法规制定程序中亟须完善的规则。

一、监察法规立项环节应注重立法规划和论证

法律的立项是立法主体对可能的立法项目进行综合研判，确定何时就何种特定事务进行立法的活动。立项要经过许多复杂的准备，首先就是立法规划或计划。我国《立法法》第56条明确将立法规划与立法计划作为一项法定的程序予以确认。[3]该条强调立法应有统筹意识，在立法规划和计划制度中应特别考量代表

〔1〕 正如威廉·韦德所说，“程序不是次要的事情。随着政府权力持续不断地急剧增长，只有依靠程序公正，权力才可能变得让人容忍”。参见[英]威廉·韦德：《行政法》，徐炳等译，中国大百科全书出版社1997年版，第94页。

〔2〕 参见宋方青、张可：《国家监察委员会监察法规制定权：权限范围与制度构建》，载《湘潭大学学报（哲学社会科学版）》2021年第4期。

〔3〕 《立法法》第56条规定：“全国人民代表大会常务委员会通过立法规划和年度立法计划、专项立法计划等形式，加强对立法工作的统筹安排。编制立法规划和立法计划，应当认真研究代表议案和建议，广泛征集意见，科学论证评估，根据经济社会发展和民主法治建设的需要，按照加强重点领域、新兴领域、涉外领域立法的要求，确定立法项目。立法规划和立法计划由委员长会议通过并向社会公布。全国人民代表大会常务委员会工作机构负责编制立法规划、拟订立法计划，并按照全国人民代表大会常务委员会的要求，督促立法规划和立法计划的落实。”

议案和建议、民众意见、论证评估和经济社会发展、民主法治等因素，将审慎原则贯穿立法的启动之中。“立法规划是立法决策的重要载体”〔1〕，制定立法规划是“为了提高立法质量，使立法工作安排更加有序科学、合理，做到立法决策同改革与发展决策相一致，保证立法活动有秩序地进行”〔2〕。在立法实践中，从全国人大常委会到有立法权的地方人大常委会，对立法规划或计划的研究制定都十分重视。

在立项阶段，国家监委作为监察法规的制定主体，应当在每年年初编制年度立法计划。由于国家监委作为政治机关的特殊性，法规项目应结合党内法规、纪检监察规范性文件的制定一并确立。立法计划应分门别类，针对不同的项目找到适当的制定类型，如哪些项目应制定监察法规，哪些项目应制定党内法规，哪些项目应制定内部规范性文件，哪些已经出台的规范性文件应转化为监察法规。对征集自国家监委内部各部门和省（自治区、直辖市）监委的立法建议项目，国家监委应建立明确的立项判断取舍标准，并根据这一标准进行立项论证，明确哪些事项需要立法、何时进行立法。进行立法论证是因为除监委内部的充分论证外，充分听取相关专家意见、征求社会意见，可以对立法应重点解决的实践问题、建立的制度机制程序有更加清楚的认知，并对立法可

〔1〕 宋方青：《立法能力的内涵、构成与提升以人大立法为视角》，载《中外法学》2021年第1期。

〔2〕 乔晓阳主编：《立法法讲话》，中国民主法制出版社2000年版，第101-102页。

能产生的效果和后果进行充分评估。在评估的过程中，既应看到立法可能产生的正面效应，也应关注立法可能产生的负面影响或风险，提前做好预判，尽可能把风险消除在立项之前。

二、监察法规起草环节应突出政策的转换

法案起草是紧接在立项获批之后的主要工作，它标志着法规正式进入制定环节。法案的起草质量直接影响立法的质量，因此，起草的过程应进行大量细致的研究工作。在法案起草的构思阶段，法案起草部门特别是其领导人员既应了解“立法旨在实现什么，以及它打算影响谁”[1]，也应“考虑如何对大量而复杂的内容进行总体安排，还要考虑法案的每一条款和附件的内容安排如何协调一致”[2]。“立法的任务不外乎找出民族的‘共同信念’与‘共同意识’，经由立法形式保存和肯定。”[3]法案起草本质上是进行制度的设计，它不同于文学创作，不追求文采的华丽铺张；不同于学术写作，不在于对某一个问题进行条分缕析的繁复论证；也不同于政策文件的起草，应尽量把政治的话语转化为法律的话

〔1〕 Zurcher, Jan, *Basic Rules of Legislative Drafting*, Manitoba Law Journal, Vol.7, No.3, 1977, p.131–150.

〔2〕 ［英］迈克尔·赞德：《英国法：议会立法、法条解释、先例原则及法律改革》（第6版），江辉译，中国法制出版社2014年版，第40页。

〔3〕 ［德］弗里德里希·卡尔·冯·萨维尼：《论立法与法学的当代使命》，中国法制出版社2001年版，第8页。

语，其重在分配好责任、权力、利益，将制度设计得更加严谨周密。"法案的起草者应当是政策的转换者"〔1〕，应能将"立法原则的运用所涉及的知识、细致和克制"〔2〕表达出来，从而完成被普遍同意的草案。《立法法》对立法机关制定法律作了具体分工，〔3〕并形成了明确的惯例。〔4〕起草法律草案需要反复的斟酌，广泛开展调研，了解真实的立法需求，将实践中的有益经验和可行想法上升为法律条文予以推广。

根据立法法、监察法等有关法律法规的规定，监察法规的起草由国家监委组织实施，由其下属部门具体负责。在起草监察法规草案时，应充分借鉴法律法规起草特别是行政法规起草多年积累的经验做法，尤其是做好充分的调查研究，把实践中最需要解决的突出问题找出来，研究清楚既可能又可行的解决方式和手段，从整体上把握贯穿立法草案的指导思想、理念原则和逻辑结构。对于监察法规的起草，选择合适的监察法规起草者极其重要，因为这样"既更符合更可信的语言理论，也更有可能产生优秀

---

〔1〕 宋方青:《立法能力的内涵、构成与提升以人大立法为视角》，载《中外法学》2021年第1期。

〔2〕 Ernst Freund, *Principle of Legislation*, American Political Science Review, Vol.10, No.1, February 1916, p.1-19.

〔3〕 《立法法》第57条第1款规定：全国人大有关的专门委员会、常委会工作机构应当提前参与有关方面的法律草案起草工作；综合性、全局性、基础性的重要法律草案，可以由有关的专门委员会或者常委会工作机构组织起草。

〔4〕 在我国的立法实践中，已形成的惯例是由全国人大专门委员会或者常委会法制工作机构起草基本法律的法案，而其他法律的法案则是由全国人大常委会法制工作机构起草。大多数法案由国务院的有关部门草拟，国务院常务会议审议通过，最后以国务院名义形成法案。

的草案。这些理论的基石之一是这样一种信念，即语言和思想是如此紧密地联系在一起，以至于除语言之外几乎不可能思考，一个人的语言的性质和他在语言中特有的表达风格在很大程度上决定了一个人思想的性质和质量”[1]。从监察体制改革后新组建的纪委监委人员构成来说，原纪委人员更熟悉政治话语或党言党语，检察院转隶人员更熟悉法言法语。监察法规跨法和政治的特点决定了监察法规的语言不是党内法规特别是政策性文件的语言，也不是一般法律法规语言的简单翻版，其是一种融合党内法规和法律法规的新的创制性语言，既要用法言法语进行文字表述，又要对贯穿党内法规的理念原则和要求举措进行创造性转化，实现二者的无缝衔接、有机融合。因此，在组建监察法规起草团队时，应尽量突出人员构成的多样性，既应包括较为熟悉党内法规语言体系的原纪委人员，也应包括较为熟悉法律语言风格的检察院转隶人员，通过这种多元的团队组合改善监察法规起草者的表达风格，让他们的起草更能符合立法意图。

三、监察法规审查环节应健全协商论证机制

审查是国家监委的专门机构对监察立法草案拟定稿进行的审核和复查。监察法规的审查应当由国家监委的法制机构负责，起

〔1〕 Stark, Jack, *Should the Main Goal of Statutory Drafting Be Accuracy or Clarity*, Statute Law Review, Vol.15, No.3, Winter 1994, p.207–213.

草部门应当将法规的草案及其说明，以及通过调研获取的各项材料同时递交给审查机构审查，并形成最终的审查报告。[1]监察法规审查机构应重点审查以下内容：是否符合上位法的精神和具体规定，是否充分体现党内法规的理念原则和政策性要求，是否与其他已出台的监察法规协调一致、相互补充，是否体现科学立法、民主立法的原则性要求，是否充分吸纳、体现了各方意见建议，是否符合立法语言风格等技术规范要求，等等。

在审查阶段，应当健全沟通与协商机制，广泛听取来自各方的意见。监察法规审查过程中的公众参与，不仅能够在理论上增强监察法规的合法性，而且能够对监察法规的审查起到实质性的监督作用。监察法规的沟通与协商需要重点考虑两点：一是公开向社会征求意见，公布审查文件，且期限不得少于30日。特殊情况下，如起草阶段不公开，则在审查阶段就必须公开，而且在审查时应重点关注有无向社会公开征求意见，如发现未向社会公开征求意见，就应当缓办或者退回。二是要经过论证咨询环节。法律是实践理性的产物，理性需要用论证达成，“一种通过交往所获得的意见一致，归根结底必须以论证为依据”。监察法规的内容要得到共同认可，就要有充分的论证。而这个过程本质上是一种充满理性的说服过程。在法规制定的各阶段，立法论证的重点是

〔1〕 参见宋方青、张可：《国家监察委员会监察法规制定权：权限范围与制度构建》，载《湘潭大学学报（哲学社会科学版）》2021年第4期。

不一样的。[1]在审查阶段，对于“涉及重大利益调整的事项”，应当及时进行论证咨询。所谓“重大利益调整的事项”的界定，包括但不限于以下情况：一是社会普遍关注的热点、重点、难点问题，行使监察权的过程中出现的极具冲突的情形；二是对监察对象有重要影响的事项；三是减损或增加了公民、法人、其他单位组织的权利或义务的事项。在我国立法实践中，立法听证从无到有，迈出了重要的一步，实践做法也在不断完善。[2]监察法规作为一种新型法规，其论证要坚持更高标准，真正通过论证起到提高立法质量、获取公众认同、厚植合法性基础的作用，避免沦为“作秀”“应对”，否则会在相当大的程度上影响立法论证的实效性。

四、监察法规决定环节应完善表决程序

决定是监察机关立法程序中的关键程序，关系着监察法规能否被通过而正式成为行之有效的监察法规。在决定阶段，国家监委法规部门应将草案和审查报告报经分管常委、副书记、常务副书记和书记审核同意后，提交中央纪委常委会进行审议，在常委

---

〔1〕 通常在立法准备阶段，立法论证主要通过立法前评估，重点论证立法的可行性和必要性。从法案到法的阶段，立法的合法性、合理性和科学性是论证的重点，主要通过座谈会、论证会、听证会、审议等形式实现。在法律的完善阶段，主要通过立法后评估和立法解释重点论证立法的实效性。

〔2〕 参见宋方青：《立法能力的内涵、构成与提升以人大立法为视角》，载《中外法学》2021年第1期。

会作出实质性同意决定后，提交监委全体会议来讨论表决；其表决程序和流程可以借鉴行政法规的决定形式，一般应包括起草部门报告法规草案，会后进一步修改完善草案。这里需要提到的是，监委全体会议是一项新事物，其如何开、如何表决、法定出席人员等还没有公开性的制度规定，应结合实践进一步明确。从其他法律法规的决定程序来看，表决是矫正和平衡各种意见和利益的最后一道防线。需要注意的是，目前一些法律法规的表决采用默示表决法，不发布意见就表示没有意见，一般不采用投票表决或举手表决形式，往往通过事前报告和征求意见的方式解决分歧，这就使得立法审议成为可有可无的形式。为避免出现类似问题，监察法规的表决应引入完善的表决程序，变默示为明示的表决，采用投票表决法或举手表决法，使各种意见在监委全体会议上得到充分讨论，为法案的完善提供制度保障。

五、监察法规公布环节应提升规范性

亚里士多德曾指出，“法律只有先行公布，才能获得普遍的服从，人们才可以根据法律规范自己的行为或者评价他人的行为”〔1〕。道理显而易见：其一，使守法者知晓文本。法律作为全体社会成员都必须遵守的规范体系，社会公众自然首先要知晓，公众只

〔1〕［古希腊］亚里士多德：《政治学》，吴寿彭译，商务印书馆1965年版，第199页。

有了解法律、知晓规则，才能更好地遵守规则，避免社会处于混乱的无政府状态。早在春秋战国时期，郑国国相子产将法律条文铸到青铜鼎上，向郑国民众公布，就是这个道理。其二，在法治社会中，所有人都应在法律之下、受法律制约，立法者也不例外，否则立法者也可能操纵法律，公布文本本身就是限制立法者的一种方式。其三，根据现代国家理论，〔1〕国家主权来自人民，立法机关作为重要的权力机关，代表人民的意志行使立法权，其行使立法权力的过程和结果，自然必须得向人民公开、让人民知晓，如此才能体现人民当家作主的要求，因此公布法律是立法者的天然义务。〔2〕

法律文本如何形成、如何公布，以及标准文本的要求，在我国的宪法和立法法中作了明确的规定。参考行政法规的公布规定，监察法规的公布需要明确：一是监察法规公布的形式，监察法规经国家监委全体会议审议通过后，以监委主任署名的形式公布施行。监察法规的标准文本可以公布在中央纪委国家监委网站、国家监委公报以及有影响力的官方报纸上。〔3〕需要注意的是，在实践中，一些社会媒体或者出版单位本着经济目的，抢在权威部门

〔1〕 正如英国著名思想家洛克所言："政府所有的一切权力，既然只为社会谋幸福，因而不应该是专断的和凭一时高兴的，而是应该根据既定的和公布的法律来行使；这样，一方面使人民可以知道他们的责任并在法律范围内得到安全和保障；另一方面，也使统治者被限制在他们的适当范围之内。"参见［英］洛克：《政府论（下篇）》，叶启芳、瞿菊农译，商务印书馆1982年版，第7页。

〔2〕 参见夏正林：《论法律文本及其公布》，载《政治与法律》2021年第1期。

〔3〕 参见宋方青、张可：《国家监察委员会监察法规制定权：权限范围与制度构建》，载《湘潭大学学报（哲学社会科学版）》2021年第4期。

之前公布发行文本，这种行为无疑会损害立法机关的权威，需要严格加以规范。[1]二是要考虑监察法规公布的日期和生效日期。“公布”是立法的最后一道必经程序，也是法律生效的最为重要的环节。法“生效”以法的“公布”为前提，只有将法公布于众，相应的法律才可以生效，而后才能对其加以实施。除非监察法规本身另行规定了生效的时间，[2]否则监察法规通常自公布之日起生效，如2021年《监察法实施条例》是自2021年9月20日起施行，其公布日就是其生效施行日。

六、监察法规备案环节应有实质性审查

备案是立法的重要程序，其目的在于使立法机构接受授权机关的监督。国家监委由全国人大产生，受全国人大监督，向全国人大常委会报告专项工作并接受专项检查是接受监督的方式。国家监委根据全国人大常委会授权制定监察法规，将监察法规向全

---

〔1〕 我国的法律可以在全国发行的报纸上刊登，比如《人民日报》《光明日报》等，但是作为法律正式文本、标准文本应该具有法律权威性，所以我国将法律公布的标准文本确定为《全国人民代表大会常务委员会公报》刊载的文本，其他的媒体也可公布法律，但必须以《全国人民代表大会常务委员会公报》刊载的内容为准。参见汪全胜：《立法后评估研究》，人民出版社2012年版，第443页。

〔2〕 法的公布时间与法的生效时间是两回事。法公布后于何时生效，通常有三种情况：一是法公布后马上生效或在法公布的同时生效；二是法公布后经过一段时间后生效；三是法公布后按法定期间计算生效时间。参见孙晓红：《法的溯及力问题研究》，中国法制出版社2008年版，第6页。

国人大常委会备案，也是其接受全国人大监督的重要方式，这一点十分清楚。可能存在争议的环节在于，如赋予地方人大及地方监委监察法规、监察规章制定权，那么其所制定的法规规章应向哪些机构备案，这在理论和实践上还需要探索研究。根据监察法规的授权方式及各级监委的领导体制，本书认为二者结合较为妥当，监察法规的备案规则可遵循如下原则：监察法规的备案对象是全国人大常委会；地方性监察法规、部门监察规章的备案对象是全国人大常委会及国家监委；较大市的监察规章的备案对象是省级人大常委会和省级监委。[1]此外，备案机关不应单纯备案，还应有实质性的审查，明确需要改变和撤销的情形、备案审查处理方式，以及未报送备案的责任追究方式，以使备案在监察法规的

---

〔1〕《立法法》第109条规定："行政法规、地方性法规、自治条例和单行条例、规章应当在公布后的三十日内依照下列规定报有关机关备案：(一)行政法规报全国人民代表大会常务委员会备案；(二)省、自治区、直辖市的人民代表大会及其常务委员会制定的地方性法规，报全国人民代表大会常务委员会和国务院备案；设区的市、自治州的人民代表大会及其常务委员会制定的地方性法规，由省、自治区的人民代表大会常务委员会报全国人民代表大会常务委员会和国务院备案；(三)自治州、自治县的人民代表大会制定的自治条例和单行条例，由省、自治区、直辖市的人民代表大会常务委员会报全国人民代表大会常务委员会和国务院备案；自治条例、单行条例报送备案时，应当说明对法律、行政法规、地方性法规作出变通的情况；(四)部门规章和地方政府规章报国务院备案；地方政府规章应当同时报本级人民代表大会常务委员会备案；设区的市、自治州的人民政府制定的规章应当同时报省、自治区的人民代表大会常务委员会和人民政府备案；(五)根据授权制定的法规应当报授权决定规定的机关备案；经济特区法规、浦东新区法规、海南自由贸易港法规报送备案时，应当说明变通的情况。"第107条规定，在备案审查中，发现如下五种情形之一的，应当予以改变或者撤销：(1)超越立法权限的；(2)下位法违反上位法规定的；(3)规章之间对同一事项的规定不一致，经裁决应当改变或者撤销一方的规定的；(4)规章的规定被认为不适当的；(5)违背法定程序的。

制定中真正成为行之有效的重要一环，也进一步让人大的监督更加具体实在。

七、监察法规解释环节应具备专业性

“法律是一种阐释性概念。”〔1〕只要法律和法院的判决、决议或契约不能全部以象征性的符号语言来表达，解释就始终必要。〔2〕法律通过解释意思更加明确，效力更加显现。立法解释是立法的补充形态，贯穿立法的各个环节；立法解释可采用言辞表述解释说明立法背景、立法草案、审议记录、审议结果等重要的立法过程信息，也可采用文本表述对法律文本作出专用解释。〔3〕文本中的解释并不是用来为案件提供具体的解决方案，而是进一步厘清法律规范的意义，具有类似立法的功能，产生的效果也是具有普遍效力的。通过立法解释，可以不断地对法进行修正，以适应社会的发展、变化，来不断接近法的完整性。监察法规的解释主体为国家监委，对于需要解释的事项和情形，国家监委应负责作出解释，解释草案由法规部门研究起草，拟定的解释草案必须

〔1〕［美］德沃金：《法律帝国》，李常青译，中国大百科全书出版社1996年版，第87页。

〔2〕参见［德］卡尔·拉伦茨：《法学方法论》，陈爱娥译，商务印书馆2003年版，第86页。

〔3〕参见宋方青：《立法能力的内涵、构成与提升：以人大立法为视角》，载《中外法学》2021年第1期。

逐级上报，经中央纪委常委会批准后才能以国家监委的名义对外公布。[1]

第四节　监察规范性文件向监察法规的转化

监察规范性文件的转化分为形式上的转化和实质上的转化，监察规范性文件的转化应注重实质意义上的转化。形式意义上的转化往往采取复制办法，将监察规范性文件规定的所有内容原封不动地移至监察法规，现实中形式意义上的转化基本不会存在，因为两者拥有不同的逻辑架构和话语体系，无法匹配，因而讨论价值不大。实质意义上的转化是将监察规范性文件的一部分内容或精神、原则等转化为监察法规，因而更具合理性和必要性。

一、监察规范性文件转化为监察法规的原则

由规范性文件转化为法规，需要遵循章法，合乎原则，否则会出现乱转化、转化效果差的问题。因此，应当确立转化的原则，从而保证转化的顺利和有效。第一，坚持有限转化原则。从规范性文件升格为法律，意味着其权威性和稳定性大大提升。并不是所

〔1〕　参见宋方青、张可：《国家监察委员会监察法规制定权：权限范围与制度构建》，载《湘潭大学学报（哲学社会科学版）》2021 年第 4 期。

有的监察规范性文件都适合转化为监察法规，转化应有一定的选择性，既要确保被转化的规范性文件的内容得到更好的落实和执行，又要有助于监察法规体系的健全和完善。在监察规范性文件中，对监察工作具有实质性影响的，如涉及监察程序的规范性文件，应重点转化。第二，坚持临界转化原则。临界转化原则是指给转化设定一个临界点，当规范到达需要转化的临界点时，就视为转化时机到来，要抓住转化机遇，使规范性文件的功能得到进一步的发挥。第三，坚持合目的转化原则。制定监察规范性文件的目的是推进监察工作的法治化和规范化，最终服务于国家反腐的战略。监察规范性文件转化为监察法规的目的是把监察工作的具体规范转化为法规，体现法律精神，表达党和国家的意志。二者共同作用于规范公权力的行使，都是为了破解权力监督难题而提供规范支撑，为消除社会主义新时期的主要矛盾服务。转化后的监察法规，仍应继承和发扬原监察规范性文件的精神内核与实质原则。

二、监察规范性文件转化为监察法规的程序

监察规范性文件转化为监察法规需要设计专门的转化程序，确保转化的质量、效率和效用。转化程序根据不同阶段，分为转化准备阶段评估，转化部门申请、法规部门审查办理，转化后效果评估。转化准备阶段评估是转化的起点，评估主体应对待转化的

规范性文件作出是否具备转化可能性的初步判断。[1]重点关注监察规范性文件是否还能满足其制定的初衷，如果继续存在，是否能够发挥它应有的功能，另外转化监察法规的条件是不是已经具备，转化为监察法规是否更加有利于问题的解决。评估主体应根据评估结果，作出是否同意转化的决定。评估主体应当由立法专业人士担任，由于对监察规范性文件最为熟悉的是草拟规范性文件和监察法规的人员，因此中央纪委国家监委法规室及相关起草室的工作人员自然具有评估的资格。另外，考虑到规范性文件转化的重要性，最好由规格更高一级的工作人员进行把关，因此全国人大常委会法制工作委员会的工作人员也可以考虑作为联合评估主体。

在转化过程中，转化的申请主体、审查主体以及审查结果处理需要加以重点考虑。关于转化的申请主体，最好由规范性文件的起草主体来担任，因为该起草主体对规范性文件的内容更熟悉、更有发言权，对规范性文件如何转化及其转化效果也更有预判性。申请转化的主体提出申请后，由审查主体对其进行转化审查，谁应该担任审查主体以及审查的标准是什么，这是需要重点考虑的两个问题。审查主体的选择标准最好和评估主体一致，也就是由全国人大常委会法制工作委员会的工作人员和中央纪委国家监委法规室的工作人员共同担任。两者同时担任规范性文件转

〔1〕参见王婵、肖金明:《论党内规范性文件向国家法律的转化》，载《理论导刊》2019年第10期。

化的评估主体和审查主体并不矛盾，因为评估和审查工作具有很强的专业性，无论是从经验上，还是技术水平上，都对主体提出了较高要求，由他们共同作为评估和审查的主体不仅能提高监察规范性文件转化的质量，而且能提高工作效率，节约工作成本。在审查标准上，首先应重点审查规范性文件是否把握了合适的转化时机，既不能滞后转化，也不能超前转化。其次还应审查其是否符合宪法和法律的要求，这将影响转化前后是否保持内在精神相一致，如果不一致，就不能转化。审查结果是能否转化的依据，审查结果应公开，并且设置合理的公开期限。公开期限结束后，如无重大争议，则可按程序启动立法程序。此外，应对转化后的监察法规实施情况进行定期评估，及时总结转化经验，督促提高转化的效果。所有评估材料应分别向全国人大常委会有关专门委员会和中央纪委国家监委法规部门提交，由他们负责审查评价报告并存档。

第六章 监察法规的制定技术

立法技术是将科学精神、科学方法、科学规律、立法意图等具体贯彻落实到法律规范和法律文本字里行间的方法，是科学立法的技术保证。[1]狭义地说，立法技术是使立法科学化所采用的各种方法和技巧的总称，[2]关乎立法质量。如果立法缺乏科学性，将带来很多弊端，所立之法将漏洞百出，立法的目的就难以实现。监察法规的立法涉及监察法律体系的构建，关系到“以权治权”的反腐机制的运行，发挥固根本、稳预期、利长远的作用。实现监察法规“高标准、高要求、高起点”的立法使命，要求把监察法规的立法技术作为一门立法科学加以研究，体现立法的工匠精神。本章围绕监察法规的制定技术，重点探讨监察法规制定应采用哪些技术方法，以达到良好的立法效果。

---

〔1〕 参见李林主编：《中国：在新起点上全面推进依法治国》，中国社会科学出版社2015年版，第103页。

〔2〕 参见周旺生：《立法学》，法律出版社2004年版，第52页。

第一节　监察法规制定技术的含义

一、监察法规制定技术的概念界定

在讨论监察法规制定技术的内涵之前，有必要厘清“立法”与“法的制定”两个概念的关系。所谓“法的制定”，在学术规范的表达上有两种含义，通常可以将它的范围理解为“立法”这一概念的范围，表示法的制定、修改、废止等形式；从狭义上可以将它理解为特定立法主体进行立法的活动。[1]本书探讨监察法规的制定，采取的是较为狭义的理解，也就是探讨监察法规的制定活动，其认可、补充和废止不在讨论之列。

所谓“技术”，是人们经过不断实践总结出来的一套操作技能和方法，不同领域都有自身的一套技术，以为其发展提供支撑。“制定技术”，就是指法律领域中，经过人们总结发展而形成的关于法律制定的方法和技巧的总称。因而，监察法规的制定技术，可以理解为监察法规的制定方式方法，侧重于规范监察法规的内部关系，主要包括如何处理监察法规的名称、形式结构、内容结构、制定语言表述等具体问题，从而为法律内容找到最佳的符号

〔1〕 参见邓世豹主编：《立法学：原理与技术》，中山大学出版社2016年版，第4页。

载体。

二、监察法规制定技术的实质意义

公平正义是良法的内在价值，立法技术是实现良法善治的必要保障。科学制定监察法规，就是使监察法规在内容和形式上都合乎规范，能够反映其立法精神，保证其立法质量。而要做到这一点，监察法规的制定技术至关重要。

（一）充分表达监察法规的立法精神

立法精神是法律应当遵循的原则，每部法律都有其独特的立法精神。监察法规的立法精神既在于规范和制约公权力的运行，也在于规范监察机关的执法行为，使监督调查处置严格依规依法进行。在监察法规中充分表达这一立法精神，应将其落实到具体的法规文本上，特别是每一条款中，以明晰精准的轨道使监察工作在法治的框架下进行，提高其规范化、专业化、法治化水平，进而确保反腐败工作始终不偏离法治的轨道。

（二）保证监察法规文本的规范准确

立法的制定技术决定了立法的质量。精良的制定技术应遵循严格规范、深耕细作的原则，对于监察法规的立法项目应谨慎选择，做到“小而少”或“少而精”；法规文本应严格遵照立法要求，明晰厘定立法的重点内容、权利义务设定等内容，确保所立之法经过详细论证，收到切实效果；规范设计应在遵循基本立法技术规范的基础上，根据不同的立法项目和内容采取不同的立法形式，不搞“千法一面”，更不搞“八股”立法技术，使立法形式辅助立法内容，做到形式和内容相互匹配、相得益彰。

（三）提升监察法规的执行效果

一部高质量的监察法规能够得到更好的执行，这是因为法律法规的内容应具有可操作性。如果法规内容比较抽象模糊、针对性不足、操作性不强，一些规范设计和制度安排就会“前言不搭后语”“虎头蛇尾”，不是缺少权利义务、权力职责的设定，就是缺乏法律责任的跟进以及行为与后果的内在联系，势必会妨碍监察法规的执行效果。此外，监察法规还应切实做到以问题为导向，以问题解决为目标，这样才能真正取得良好的立法效果。

第二节 监察法规的内容结构

监察法规的内容结构，是指规范内在的各要素在逻辑上的排列、组合。从法律规则的内部结构来看，监察法规是由诸多按逻辑联系起来的要素组成的规则，其必不可少的核心要素是假定条件、行为模式和法律后果。[1]假定条件是关于法律规则具体适用条件的内容。它所规定的行为主体和行为条件，是产生法律后果的前提。例如，《监察法实施条例》的监察实施主体是监察机关，其监察的条件是公职人员的职务违法犯罪行为。行为模式是关于人们具体行为的内容，主要是可以做什么、不应当做什么、不能做什么，学界将其表述为可为、应为和勿为模式。[2]法律后果是关于人们行为结果的内容，结果的认定需以是否符合假定条件，是否符合行为模式的要求为前提。法律后果有肯定性和否定性之分，肯定的形式主要有奖金、荣誉、晋职晋级等，否定的形式主要包括刑事制裁、行政制裁和民事制裁。

一、法规内容的规范化

监察法规内容的规范化，首先应避免重复性立法。虽然“重复”的含义很难有统一的认定标准，但从实践看，一般应着重避免下位法重复上位法。比如，应避免重复立法范围，也就是对上位法已经明确的事项加以重复，导致下位法的具体细化补充的功能缺失。应避免重复结构体例，也就是将上位法的立法文本的篇章

[1] 参见王云奇主编：《地方立法技术手册》，中国民主法制出版社 2004 年版，第 43 页。

[2] 参见王腊生主编：《地方立法技术的理论与实践》，中国民主法制出版社 2007 年版，第 62 页。

结构复制到下位法，而没有根据自身的特点设计合理的结构。应避免重复条文内容，就是对上位法的有关条款直接移植或者略加修改后移植，失去下位法本来应有的内容。

此外，由于监察法规的制定程序还没有颁布，监察法规制定的相关问题难以明确界定。比如，监察法规和监察法的立法范围不明确，虽然前者是后者的具体补充和细化，但是要精准把握两者的界限并不容易。因此，应尽早颁布监察法规制定程序，进一步细化规定，厘清两者的界限。

二、法规结构的科学化

从法律规则的整体结构来看，监察法规一般由总则、分则、附则组成。

监察法规的总则部分，是一部监察法规的基本价值取向和总体思路的集中体现，是对某一类监察领域社会关系进行调整的总规则。由于总则的基本内容统领其他章节，监察法规总则的精神应贯穿整部监察法规。总则位置一般居于法规的最前面，其内容主要包括以下几点。

一是立法目的和依据。立法目的和依据条款位于总则中的第1条，其表述形式为“为了……根据……制定……”立法目的的内容应按照一定的逻辑顺序表述。例如，《监察法实施条例》第1条规定其立法目的是推动监察工作法治化、规范化，依据的是《监察法》。由于法治化是监察工作目标的第一要务，而且法治化是规范化的基础，所以先强调法治化，再强调规范化，按重要性大小的逻辑排列。

立法目的和依据作为立法的开篇，虽然有格式化表达，但是也要注意文字要简洁明了，重点突出，切记啰唆；立法目的的内容应突出最直接的，与立法内容关联最紧密的；立法依据主要是选择有直接隶属关系的上位法，其他效力更高的法律，若是没有直接的隶属关系，就不用作为立法依据，如以《宪法》作为监察法规的立法依据，则是没有必要的。效力比所立监察法规更低的法规，应避免出现在立法依据中。

二是适用范围。适用范围一般位于第2条，其表述的对象有多种类型：其一，客体或物，如《中药品种保护条例》的适用对象是中药品种。其二，一些行为或活动，如《历史文化名城名镇名村保护条例》的适用对象是历史文化名城、名镇、名村的申报等一系列工作。[1]其三，某一类事项，如《外商投资法》的适用对象是外商投资的单一事项。[2]其四，某一地理范围。如《海洋环境保护法》的适用对象是内水等我国管辖的海域。[3]监察法规的制定应

---

[1] 《历史文化名城名镇名村保护条例》第2条规定：历史文化名城、名镇、名村的申报、批准、规划、保护，适用本条例。

[2] 《外商投资法》第2条第1款规定：在中华人民共和国境内的外商投资，适用本法。

[3] 《中华人民共和国海洋环境保护法》第2条规定：本法适用于中华人民共和国管辖海域。

明确适用对象，根据适用对象的不同类型使用不同的表述方式。

三是方针、原则。法律原则是法的纲领性内容，维系着整个法律规则。通常法律原则不止一个，可能有好几个，如《立法法》就有五项立法原则，《监察法实施条例》第2条也可理解为其立法原则。在编排立法原则时，应按原则轻重的逻辑有序排列。法律原则位置摆放一般没有统一标准，但考虑到立法原则是针对某一事项的，因此将它置于法的适用范围之前可能更合适。

四是主管机关及其职责。主管机关在原则之后，一般表述为"由……负责"，或"……主管……"，这一条不是必须要有的。《监察法实施条例》里就没有这个条款，但是很显然，监察法规是由国家监委负责实施的。

法律概念的解释是对立法中的一些术语进行补充说明，对术语进行清楚的界定有利于避免分歧。法律概念或术语的解释通常以法律条文的形式出现，但是具体位置不太统一，放在总则、分则和附则的条文中都可以。比如，《监察法实施条例》中对"近亲属""以上、以下、以内"等容易引起认识不统一的词语进行解释，采用的是在附则部分集中解释的办法，因为涉及的术语比较多，这样不会占用开篇的篇幅。监察法规可因具体情况而定，采用最适宜的方式进行法律概念的解释。

附则通常放在最后一章，一般表述为"第××章附则"。附则所规定的内容一般是非核心的规定，如果置于总则和分则中，会导致主体内容不够集中，所以，将其放于最后一部分，可以使整部法规的内容主次分明。附则的位置虽然位于最后，但是并不代表其法律效力就弱，它的法律效力同其他部分内容的效力一样。比如，《监察法实施条例》的附则在第九章，表述为“第九章附则”。在篇幅较短的监察法规中，因不设章节，虽然也存在附则，但可以不出现“附则”的字样。监察法规中的附则应当规定的内容并没有统一的规定，但从立法实践较多的行政法规来看，监察法规中的附则规定的常见内容可以包括：对专业名词解释的规定；需要进一步明确的事项的规定；需要备案事项的规定；生效和施行日期的规定；解决法律冲突的规定，等等。

三、与其他法律条款衔接的精细化

在监察体制进行重大改革之前，涉嫌职务犯罪的案件办理的各个环节都是在刑事司法框架下，遵循刑法和刑事诉讼法的相关规定，不会产生程序衔接的问题。[1]改革之后，分散在各部门的反腐权力集成到新组建的监察机关，监察机关独立拥有和行使监察权，改变了监察权隶属于行政权的权力构造，形成了监察权与行政权相平行的模式，从而产生监察、行政和司法的权力结构新格局。[2]监察机关拥有对涉嫌职务犯罪案件的调查权，因此涉及与

〔1〕 参见虞浔：《职务犯罪案件中监检衔接的主要障碍及其疏解》，载《政治与法律》2021年第2期。

〔2〕 参见李世锋：《用留置取代两规是法治反腐的转型》，载《新疆师范大学学报（哲学社会科学版）》2018年第2期。

一般刑事司法措施与程序的衔接问题。只有将两种不同属性的职权与程序进行无缝衔接,才能顺利实现反腐的共同目标。

（一）监检办案提前介入的衔接

提前介入的内涵需要从几方面加以理解:介入的范围、介入的时机、介入的内容以及介入的职能定位。

关于提前介入的范围。首先,涉嫌职务犯罪案件是介入的前提。调查涉嫌职务犯罪案件是监察机关的重要职能,检察机关提前介入的范围应当限定在监察机关对职务犯罪的调查,并不包括对职务违法的调查。[1]其次,介入的案件必须是重大、疑难、复杂案件。自从监察体制改革以来,监察机关的权限范围和职能大小就有了质的变化,如监察机关被赋予了原来归属于检察机关的调查权和搜查权,虽然权限有所增加,但是其调查职务犯罪的专业能力和办案经验并不是一蹴而就的。对于重大、疑难、复杂的案件,需要借助检察机关的力量。然而,重大、疑难、复杂的案件明确具体的判断标准仍然需要通过相关监察法规的创立予以细化规定。从检察机关过去办理职务犯罪案件的情况看,可以将重大、疑难、复杂分别界定如下,作为监察法规相关立法的借鉴。

所谓重大,主要是从涉案的人员级别、金额以及行为造成的

---

〔1〕《监察法》第 11 条第 3 项规定:对违法的公职人员依法作出政务处分决定;对履行职责不力、失职失责的领导人员进行问责;对涉嫌职务犯罪的,将调查结果移送人民检察院依法审查、提起公诉;向监察对象所在单位提出监察建议。

严重后果、社会影响程度来判断，可结合贪污贿赂罪进行讨论。公权力源于人民的授权，具有天然的公共性，而公职人员的身份代表的是国家形象，置公共权力的廉洁性于不顾，而追求个人私利进行贪污，这就使国家公职的廉洁性受到侵犯，同时国家公共财产所有权往往也是侵犯的主要对象。由于公职的廉洁性属于精神层面，不可被量化，因而公共财产的贪污数额便成为定罪量刑的重要指标，数额越大，表明社会危害程度越高，就越要受到严厉的惩罚。[1]监察机关到底取何种金额作为定罪标准，是一个容易产生争议的问题。有两种思路可以考虑：一是采用检察机关认定重大贪污案件的标准，[2]如此能和检察机关的标准保持一致，有利于和刑事诉讼环节相互贯通，实现监察与司法的有效衔接。二是重新确立重大贪污犯罪的数额，综合考虑我国社会经济发展情况、地区经济的差异、城乡居民家庭人均可支配收入水平等因素，确定一个“司法定量”标准，从而增加法定标准的可操作性。但是，这种方法需要考虑后期如何与司法衔接。在涉案人员的职务级别方面，由于涉案人员级别的高低决定了其职务犯罪危害后果的广度、深度和社会的关注程度，较高级别干部的案件往往会引起社会的高度关注。不同级别的官员对应不同级别的检察机关。根据党的十八大以来的反腐实践经验总结，副部级以上官员是最

[1] 参见胡学相：《贪污罪数额标准的定量模式分析》，载《法学》2014年第11期。

[2] 《人民检察院刑事诉讼规则（试行）》（已失效）第45条第2款第1项规定：涉嫌贿赂犯罪数额在五十万元以上，犯罪情节恶劣的，即可以认定为特别重大贿赂犯罪。

高人民检察院作为层级较高的涉案人员的认定标准，地方检察机关则可以根据权力层级依次递减。[1]在涉案行为造成的后果方面，涉案行为往往给国家和社会造成重大损失。比如“内蒙古煤炭腐败案”，涉案5名中管干部，其中云某中、邢某、白某群、云某民等4人利用公权力肆意受贿，通过其子女牟取不法利益，严重破坏了当地的生态环境，影响民众正常生活，扰乱社会的正常运行，对当地的政治环境产生了深远的负面影响，该案件成为中央纪委国家监委查办的重大案件。在涉案行为造成的社会影响方面，涉案行为的社会影响和其造成的结果有关，对于严重危害民生、侵害弱势群体利益的行为，应认定为重大案件。比如，陕西省政府原党组成员、副省长冯某柱侵吞当地扶贫资金案，就是典型的侵害弱势群体利益的行为，应当被认定为重大案件。

所谓疑难、复杂，从专业上来讲，主要包括事实认定存在困难、法律适用存在困难。事实难以认定的原因有几种：从职务犯罪特点来看，它具有很强的隐蔽性，而且涉案人员一般智商比较高，对反调查措施的研究比较多，这就给办案人员带来很大挑战；从案件的种类来看，职务犯罪人员的官位不一，下至基层机关的普通官员，上至主管某个行业的部级领导，这些人员在职业发展的过程中，可能是出于对金钱、美色和地位的贪欲，抵挡不了外界的诱惑，开始走上违法犯罪的道路。因此，从其开始作案到案发，

---

〔1〕 参见本书编写组编写：《监察与司法有效衔接》，中国方正出版社2020年版，第54页。

中间可能经历了很长的一段时期，导致案件涉案人数多，时间跨度长，地域牵涉范围较广，涉案部门较多。典型的是孙某军政治团伙案，据反腐纪录片《零容忍》披露，孙某军为了谋求更高的权位，与政法领域多名原省部级干部相互勾连，为他们“上位”提供帮助，培植“自己人”占据重要岗位。该案在发展的过程中，涉及众多人员，持续时间达 10 余年之久，而且涉及不同区域的法岗位的领导干部。因此，监察机关在证据收集、固定等事实认定上面临相当大的难度。同时，之所以出现法律适用困难，在于职务犯罪所涉及的公权力滥用与合理行使自由裁量权、决策权之间时常存在一定的模糊性和混淆性，这导致在认定职务犯罪与非罪，以及认定职务犯罪和职务违法问题上可能产生法律适用难题，比如被调查对象是否构成犯罪、罪名适用、涉案数额如何认定等。〔1〕

关于提前介入的时机。提前介入重大职务犯罪案件的时间设定是难点，这是因为设定的时间过早过晚都会影响案件的进展和质量。从检察机关提前介入工作的准备时间看，合理的时间节点应该定为调查终结移送审查起诉 15 日之前，也就是在监察机关对案件的审理阶段。这是因为，这一阶段案件的初步调查活动已结束，相关事实和证据已经相对比较明确，需要解决的事实认定和法律适用难题已经明朗，此时检察机关介入，可以在既有的证据和事实上发挥自身法律专业优势和经验优势，避免因信息缺

〔1〕 参见本书编写组编写：《监察与司法有效衔接》，中国方正出版社 2020 年版，第 56 页。

失而难以对案件进行准确研判。同时，这一阶段监察机关已经对案件的性质有了初步的定论，可以避免检察机关过早介入影响其判断力。[1]在这一阶段，监察机关依然可以对案件证据和事实进行补充、固定、完善，从而为检察机关的建议和意见留下一定的空间，防止因介入过晚而错失纠正机会。当然，由于实践中显现的问题更为复杂，特别是对于争议重大的案件，监察机关可以对案件进行提前审理，同时为了避免后续的案件进展受阻，监察机关可以商请检察机关提前介入，留足充分的时间给其协助调查，从而对案件是否具备刑事诉讼的条件作出准确的判断。

关于提前介入的内容和职能定位。检察机关由于之前长期深耕于职务犯罪案件，积累了比较成熟的办案经验和专业素养。在涉及专业问题方面，可以利用专业特长协助监察机关有序高效地开展职务犯罪案件的调查，并确保调查结果和证据收集等满足后续刑事诉讼的条件，具体包括：证据标准和案件认定方面，如案件定性和罪名确定、证据补充和完善、留置适用和衔接；移送前的预审，如了解案情与证据、确定方向和重点、准备证据和材料。在提前介入后的工作职能定位上，检察机关应该重点发挥监督和引导作用，利用自身多年积累的办案经验，引导协助监察机关做好证据的收集和审查，不能越俎代庖、越位错位，应充分尊重监察机关调查的主体地位，自觉做好协助者的角色，坚守“以监察调查为

〔1〕 参见王霈：《检察机关提前介入职务犯罪监察调查机制研究》，载《西南政法大学学报》2021年第1期。

主，以检察建议为辅，以案件审阅为主，以亲历调查为辅”[1]的功能定位，保证在监检相互配合和相互制约之下，监察机关仍然能够行使独立的监察权。

（二）监检强制措施的衔接

在职务犯罪案件中，对于涉嫌犯罪的贪腐人员，需要对其采取强制措施才能查清案件事实，作出及时的法律惩处。监察机关在主导调查职务犯罪案件时，可以行使留置等多种强制措施。在涉嫌职务犯罪案件移送检察机关后，检察机关也可以行使刑事强制措施。因此，监检衔接的关键点之一，就在于如何实现两种不同性质的强制措施的互相转换，其中留置措施的解除是一个重要的程序问题，[2]是衔接的难点。实践中各地做法还不完全统一，如何建立完善的规范性程序，促进监检强制措施的衔接，是监察法规制定的重要任务和内容。

其一，应把握好两种不同强制措施的转换。从强制性程度来看，逮捕措施高于留置措施。根据相关规定，在职务犯罪案件中，涉案人员已被采取留置措施的，当案件移送检察机关后，涉案人员的留置措施即时自动解除，避免了中间程序挤占有限的留置时间，监察机关应当在正式移送起诉前通知检察机关移送事宜，这

---

〔1〕 虞浔：《职务犯罪案件中监检衔接的主要障碍及其疏解》，载《政治与法律》2021年第2期。

〔2〕 参见叶青：《监察机关调查犯罪程序的流转与衔接》，载《华东政法大学学报》2018年第3期。

么规定有利于检察机关提前做好接收的准备。同时，监察机关在移送前，为了做到万无一失，可以商请检察机关提前介入，对案件的性质认定进行把关，避免出现退回补充调查的情况。[1]

其二，应做好留置转先行拘留条款与现行拘留条款的衔接。留置转先行拘留意味着被调查人转为刑事犯罪嫌疑人，也意味着监察程序转换为刑事诉讼程序。两者均有“其他妨碍调查行为”作为兜底性条款，导致无法清楚区分留置转成的拘留与一般刑事拘留的适用条件，由此造成适用条件存在解释空间，容易导致留置措施的滥用。[2]同时，先行拘留是一种临时性、过渡性的强制措施，目的是将犯罪嫌疑人从监察调查转入刑事诉讼程序，[3]这种将先行拘留作为留置调查措施向刑事羁押措施转化的举措，和拘留原本的属性（“紧急的、临时的到案措施”）相混淆。这些问题都说明了目前留置转先行拘留条款与现行拘留条款之间的衔接不畅。为了避免这些问题，应完善留置措施转为刑事强制措施的适用条件，检察机关针对不同情况采取不同程度的强制措施，使强制措施得到合理使用，也使被调查人、犯罪嫌疑人的合法权益得到保障，防止检察机关对留置措施及其转化的外部审查陷入

〔1〕 参见本书编写组编写：《监察权限与程序案例指导》，中国方正出版社2020年版，第297页。

〔2〕 参见虞浔：《职务犯罪案件中监检衔接的主要障碍及其疏解》，载《政治与法律》2021年第2期。

〔3〕 参见王爱立主编：《中华人民共和国刑事诉讼法修改条文解读》，中国法制出版社2018年版，第86页。

无力。[1]

其三，应做好留置转先行拘留中的执行衔接。监察法对留置地点的规定并不明确，实践中各地监察机关根据现有的条件设置留置地点，或采用以往的“双规”场所，或借用改造公安机关看守所，或建设新的留置地点。留置转拘留前，被调查人员的身体健康情况应当作为是否执行的依据，检察机关应当建议监察机关对其进行检查，判断其是否适宜拘留，只有在身体适宜的情况下，才能办理强制措施的变更手续。另外，羁押地点转换过程中也可能出现意外，应对各类风险做好应对。[2]

（三）监检办案的证据衔接

监检办案的证据衔接是监察法规制定应着重解决的突出问题。监察调查证据和刑事诉讼证据的衔接问题之所以较为复杂，源自职务犯罪案件证据的特殊性：第一，证据结构上的欠缺性。大多数职务犯罪案件通常是以“一对一”的方式进行交易，比较隐蔽，缺乏客观的物证、书证。[3]因为在职务犯罪中很难获取其他直接证据，口供在职务犯罪中占有重要地位，特别是贿赂犯罪

〔1〕 参见汪海燕：《监察制度与〈刑事诉讼法〉的衔接》，载《政法论坛》2017年第6期。

〔2〕 参见虞浔：《职务犯罪案件中监检衔接的主要障碍及其疏解》，载《政治与法律》2021年第2期。

〔3〕 参见尚晓阳、许建华：《职务犯罪案件的证据审查标准——以受贿案件证据审查为视角》，载《人民司法》2020年第25期。

的证据主要源于供述人的言词证据，但职务犯罪证据的单一，在证据结构上较容易出现失衡问题。[1]第二，证据性质的易变性。职务犯罪高度依赖言词证据。[2]在实践中，由于存在刑讯逼供、连续讯问、有意迎合侦查人员的供述，基于各种理由的翻供、翻证，被告人之间串供现象，证据的证明力下降。同时，公职人员与特定关系人通常会订立攻守同盟逃避法律追究，这种情况下，如果公职人员不承认，其结果只是查处"身边人"即非国家工作人员，而无法惩治公职人员本人。[3]第三，证据取得的困难性。由于职务犯罪是涉嫌犯罪的公职人员滥用公权力，造成公共资源受到侵害，公民个人很难察觉到对其的影响。因此，公民对腐败案件的控告和作证意识不强、积极性不高。有些证人害怕作证之后，犯罪嫌疑人利用权势对其进行打击报复，于是产生对作证的恐惧和畏难心理，不敢作证，而且有些证人本身就是案件中的利益相关人，因而会做假证。同时，即使证人愿意作证，如果嫌疑人不认可，案件事实也很难查清。这些案件调查和诉讼中的难点，导致职务犯罪案件比较棘手。第四，证据的规范性欠佳。由于窝案、串案和关联案件的存在，职务犯罪案件的证据有时在多个案件中交替使用。同样的证据在不同案件中被认定的类型不同，有些被

〔1〕 参见罗猛、邓超:《贿赂犯罪证明模式研究》，载《中国刑事法杂志》2016 年第 4 期。

〔2〕 参见吉冠浩:《论职务犯罪监察调查的证据规则》，载《法治社会》2023 年第 2 期。

〔3〕 参见任学强:《腐败犯罪特殊诉讼程序研究》，中国政法大学出版社 2015 年版，第 35 页。

认定为口供,有些被认定为证人证言。案件牵涉的人员多,证据提取的主体也多,不同办案机关提取的证据可能在同一案件中使用,导致案件中证据复印较多,证据的规范性和整体性较差。第五,证据数量的繁多。复杂的职务犯罪案件涉案人数多,时间跨度长,地域牵涉范围较广,涉案部门较多。重大案件涉及的证据数量多、类型多样,证据审查验证的任务繁重。为打击重大职务犯罪,世界上一些国家依据行为人的先行行为承担证明责任的情况,推定其具有某种故意和行为或者推定其构成某种犯罪。〔1〕较之严格的"排除合理怀疑"的证据标准,推定的证据标准有所降低,有利于增加证据获得的可能性。〔2〕《联合国反腐败公约》第28条也有类似规定。〔3〕为降低诉讼成本,提升诉讼效益,还有一些国家将口供激励机制作为口供制度的重要内容,如英美的辩诉交易和有罪答辩制度,德国的处刑命令程序和自白协商。与其他一些国家不同,我国要求职务犯罪案件的证据标准和普通刑事案件的证据标准相同,要求犯罪事实清楚,证据充分确凿,这对监检办案证据的衔接提出了更高要求。

做好监检办案证据的衔接,应对监察机关调查取证的标准和要求进一步细化。《监察法》第36条第2款规定了监察程序与刑

〔1〕 参见沈达明编著:《英美证据法》,中信出版社1996年版,第71页;参见龙宗智:《相对合理主义》,中国政法大学出版社1999年版,第471页。

〔2〕 参见龙宗智:《相对合理主义》,中国政法大学出版社1999年版,第471页。

〔3〕 《联合国反腐败公约》第28条规定:根据本公约确立的犯罪所需具备的明知、故意或者目的等要素,可以根据客观实际情况予以推定。

事司法程序在证据要求和标准上的衔接。按照刑事证据标准收集涉罪证据，将纪检监察机关长期反腐败实践积累的经验和形成的工作惯例上升为法律条文，增强其合法性，[1]是纪检监察工作及监察法规制定的题中应有之义，但不应另搞一套新标准，更不能把政治标准和法律标准对立起来。监察机关对于涉嫌职务犯罪的证据，应依照合法程序移送检察机关，作为刑事诉讼的证明材料接受法院司法审判的裁定，这就要求监察机关既要遵循监察法关于调查取证的具体要求，也要按照刑事诉讼法关于证据的理念原则和具体规定进行调查取证，使证据符合刑事诉讼法的要求，最终能够用于法院审判。涉嫌职务犯罪的证据要求在纪检监察机关审查调查中的要求最高，必须通过合法途径、合法方式获取证据，证据应确实充分，各项证据的证明能力不能相互抵触、相互割裂，而是要有机联系、相互补充、相互佐证，排除其他可能，等等。[2]实践中，虽然可以考虑将推定制度运用于职务犯罪案件主观要素的判定，并将其作为设置职务犯罪案件的特殊证明标准，但需要注意的是，推定的基础事实应当经过缜密调查为属实，推定事实和基础事实之间应存在有力的逻辑关联。[3]

---

〔1〕 参见秦前红、周航：《党纪处分与政务处分的衔接协调及运行机制》，载《中国法律评论》2021 年第 1 期。

〔2〕 参见本书编写组编写：《监察权限与程序案例指导》，中国方正出版社 2020 年版，第 281 页。

〔3〕 参见樊崇义、王建明主编：《〈联合国反腐败公约〉与我国职务犯罪侦查研究》，中国方正出版社 2011 年版，第 328 页。

监察体制改革之后，监察机关收集的证据不再需要检察机关重新调查取证，而是可以直接用于刑事诉讼，检察机关重点是从监督的角度进行证据审查，这有利于降低调查成本、节约司法资源、增进工作效能、增强监察权威，但也对监察机关提出了更高的要求。监察机关审查调查部门应提高证据意识和取证能力，严格按照刑事审判对证据的要求和标准调取证据，确保调查取得的证据构成一个统一整体即相互印证、完整稳定的证据链，既经得起本机关审理部门的审查，也要经得起检察机关的审查，得到审判机关的认可。如果证据达不到诉讼标准，就会面临被退回补充调查或作为非法证据排除的处理后果，有可能造成案件重新调查或重新取证，使惩治腐败的成本大幅上升、效率大幅降低，甚至造成法院定罪量刑结果的改变。如果审查调查部门的非法取证问题使被调查人的合法权利受到非法侵害，有可能还需给予被调查人国家赔偿，并追究审查调查人员的法律责任。为确保监察调查期间取得的证据，能够用于刑事诉讼，监察机关应绷紧证据意识，提高证据收集的能力，用合法合规、全面客观的证据保障每个案件的质量和效果。一方面，证据收集应全面，证据收集的范围应广泛，不得选择性取证，收集的书证、物证等证据，既应有能够证明被调查人有违法犯罪行为的，也应有能够证明被调查人法律责任轻，甚至没有违法犯罪行为的，应始终坚持无罪推定原则。只有本着这种客观公正的态度，获取的证据才可能完整客观，具有更强的证据证明能力。此外，实践中，被调查人的到案情况、在被调查期间表现情况的相关材料，纪委监委在将职务犯罪案件移送司法机关时应一并附上。另一方面，收集证据应合法，确保证据得到及时稳定的“固定”。比如，在开展询问取证的过程中，对于询问后形成的笔录应认真检查、核对，确保笔录客观全面体现询问内容，符合法定形式。除此之外，还应由被询问人写出亲笔供述材料，并签字按印。如果在询问过程中提到有关涉案财物、文件资料，应当向被询问人出示实物或照片，由被询问人在笔录上予以说明、在照片上予以签字确认。

做好监检办案证据的衔接，应明确监察机关初核阶段获取的证据能否用于刑事诉讼。监察法规定的初核制度借鉴了刑事诉讼中的初查制度。初查，相当于“立案前的审查”，是侦查机关对案件线索初步筛选，进而判断是否立案的过程。职务犯罪案件立案标准高，且言词证据较多，因此常用初查来获取充分的犯罪信息，这是初查制度确立的原生基础。〔1〕实践中，各地检察机关在使用初查手段的过程中，在线索管理、初查方式、证据转化等方面存在不少差异，特别是初查获取的证据能否被用于刑事诉讼存在很大争议，所以往往在正式立案后，还要进行大量重复性调查取证，以保证相关证据能够在刑事诉讼中使用。为避免出现上述类似检察机关的问题，中共中央直接制定或批准公布的文件，都极其重视对于初核程序的规范。无论是监督执纪工作规则，还是监督执法工作

---

〔1〕 参见［德］克劳思·罗科信：《德国刑事诉讼法》，吴丽琪译，法律出版社 2003 年版，第 357 页。

规定，都对初核进行了十分严格的规定，明确初核措施的使用必须得到纪检监察机关主要负责人的审批，并且得到同级党委主要负责人的批准，而且对初核的提出、初核方案的制定和初核的实施等都作详细的规定。监察机关应在总结党的十八大以来纪检监察机关初核实践的基础上，进一步对初核可以使用的调查措施、被核实人的权利义务、初核获取证据的使用效力等进行详尽细致的研究，并以监察法规的形式从法律法规层面进行明确。只要证据经过严格的程序把关，并且符合刑事诉讼对证据的要求，监察机关无论是在初步核实阶段还是立案后收集的证据，都可以转化为刑事证据，这也应在监察法规中作出明确规定。

做好监检办案证据的衔接，应进一步完善录音录像制度和调查人员出庭作证制度。关于录音录像制度，监察法对其作出了重大改进，之前录音录像制度只用于讯问措施，而现在搜查、查封、扣押等其他取证的调查措施也要使用该项制度，这就大大地扩展了录音录像的适用范围。更为重要的是，以前的录音录像制度只是在讯问等过程的某一个时段使用，现在则要求全程录音录像，留存备查。[1]在必要的情况下，检察机关如需调取某些录像，可与监察机关沟通说明其调取的必要性，经过监察机关批准后调取。虽然《监察法实施条例》的相关规定明确了检察机关获取录音录像的法定途径，但检察机关调取录音录像仍处于被动局面。

---

〔1〕 参见卞建林、陶加培：《论监察法与刑事诉讼法衔接中录音录像制度》，载《中国刑事法杂志》2019年第3期。

为更加便于检察机关对调查阶段证据的审查，促进监检办案证据的衔接，保护被调查人或犯罪嫌疑人的合法权益，应在专门的监察法规中作出更加细化的规定，进一步拓宽检察机关获取录音录像的途径。同时，关于调查人员出庭作证制度，监察法虽作出了原则性规定，但其具体使用条件、方式还不够明确。应参照我国刑事诉讼法的规定，进一步健全调查人员出庭作证制度，使调查人员在案件的审判当中发挥见证者的角色，履行其程序性被告身份，〔1〕辅助庭审厘清案件事实。调查人员出庭说明情况，进行自我陈述，也可以自证清白。

做好监检办案证据的衔接，应进一步健全非法证据排除规则。在非法证据排除方面，刑事诉讼法比监察法有更加严格系统和明确具体的规定。相比刑事诉讼法程序法的立法模式，监察法采取的是实体法模式，其阐述的非法证据排除规则原则性强，且不成体系。因此，在制定关于非法证据排除的监察法规时，应在落实监察法的立法精神和原则规定的基础上，以刑事诉讼法的非法证据排除规则为参照，明确非法证据的范围、类型、认定标准以及非法证据排除的程序标准，明确监察机关内部专门负责非法证据排除的部门及其法定权限，并建立健全非法取证责任追究制度，对故意采取非法手段取证的责任人进行严肃追责问责。对于以非法方式获取的言词证据应严格排除，对以非法方式获取的客

〔1〕 参见程衍：《论非法证据排除程序中侦查人员的程序性被告身份》，载《当代法学》2019年第3期。

观证据，虽不是完全排除，但也要接受严格审查，说明如此做的充分理由。之所以应作出不同规定，是因为言词证据与物证等客观证据的唯一性不同，言词证据可以反复获得，所以对非法言词证据采取严格的排除原则。同时，在非法言词证据的认定标准上还应进一步明确，可探索采用"痛苦标准"和"自愿标准"相结合的方式，对于暴力取证、刑诉逼供等重点采用痛苦标准进行判定，对采用欺骗、诱导等方式非法取证的侧重用自愿标准进行判定，〔1〕从而使非法言词证据排除的标准更加细化和明确。

第三节　监察法规的形式结构

关于法的结构技术，有内部、外部结构技术之说，〔2〕也有形式、实质结构技术之说。〔3〕虽然界定的名称不同，但所指内容是一致的。法规只不过是"一个有序集，其中每个子集所表达的主元素的重要性低于其父集或子集所表达的主元素的重要性"〔4〕。监察法规作为一个有序集，应有序安排其中的每个子集，这就要求其

---

〔1〕 参见孙锐：《非法证据排除规则的实体之维》，载《河南大学学报（社会科学版）》2021年第1期。

〔2〕 参见侯淑雯：《立法制度与技术原理》，中国工商出版社2003年版，第231页。

〔3〕 参见李培传：《论立法》，中国法制出版社2004年版，第282页。

〔4〕 Plotinsky, Melvin L., *The Fundamentals of Legal Drafting by Reed Dickerson*, Indiana Law Journal, Vol.41, Iss.1, Article 8.1965.

应从形式结构上加以规范，各形式要件应按照一定的逻辑组合和排列。〔1〕监察法规的形式结构应包括监察法规的名称，制定时间和制定机关，正文的编、章、节、条、款、项、目的设置，附件和公布形式等。

一、文本的形式要件

1. 法律名称。法的名称是人们了解与认识法的外部“称谓”。〔2〕任何一部监察法规都应有其各自的称谓，这是起草监察法规的起点。监察法规的名称，应当概括准确、精练醒目，准确反映其实质内容和效力位阶。例如，《中华人民共和国监察法实施条例》，该名称显示出几点信息：一是该法是由国家监委制定并颁布，在全国范围内实施的监察法规，是对监察领域某一种社会关系或工作的较为全面、系统的规定；二是该法效力在宪法、基本法律、法律之下，在规章之上；三是该法调整的是监察法的实施。需要注意的是，监察法规的名称要避免使用“试行”等字样，因为这些词语一般用于还没有正式发布的立法。确属“试行”或者“暂行”的，应当明确“试行”“暂行”到什么时间。

2. 法律制定机关及时间。监察法规的公布时间和制定机关，

〔1〕参见李培传：《论立法》，中国法制出版社2004年版，第284页。

〔2〕参见汪全胜：《立法技术评估的探讨》，载《西南民族大学学报（人文社会科学版）》2009年第5期。

是监察法规形式结构的组成部分。它以副标题的形式出现，在括号里说明制定机关、通过时间、施行时间，这样既避免监察法规的名称过长，也方便记录法律的历史发展。例如，《监察法实施条例》之下就记载了监察法实施条例是由国家监委全体会议在2021年7月20日决定通过的，于2021年9月20日开始施行，2025年修订。

3. 序言。序言是在法律条文之前放置的一段简洁凝练、高度概括的叙述性文字，重点阐明该法的指导思想、目的依据、基本原则等相关内容。[1]但序言不是法律法规的必须组成部分，相关法律法规也可以将指导思想、目的依据、基本原则等内容融合在正文条款中，不设置序言。从目前我国大部分法律法规看，这也是一种典型做法，如《监察法实施条例》就没有序言部分。

4. 目录。目录位于序言和正文条款的中间位置，用于表示法律法规的编章节等结构层次，并在编章节的后面标明本级标题包括哪些条款及页码，目的是为法律的使用及学习研究提供索引。目录设置技术，在法国民法典等诸多国家的法律法规中的使用较为普遍。同时，如果法律法规的内容不长、条款较少，也可以不设置目录，我国民法典、监察法等许多法律法规就没有目录，因此目录也不是必须的部分。但相关监察法规如果条款内容较多，也可以尝试设置目录，便于查阅。

---

〔1〕 参见李培传：《论立法》，中国法制出版社2004年版，第305页。

5. 正文设置与排列。正文是相关法律法规的主要构成部分。按照一定的逻辑次序将法律法规条款组织起来，就是所谓法律法规的正文。法律法规正文除规定相关规则之外，还要设置若干原则性条款和技术性规定，前文所述的可在序言中阐明的指导思想、目的依据、基本原则，以及法律时限、法律生效时间等也可以在正文中进行表述。正文的设置与排列之所以重要，是因为要设定层次清晰、逻辑严谨的结构，使法的主要精神和规定得到清晰的展示，《监察法实施条例》的正文就是通过其章、节、条、款、项等结构层次进行反映。

6. 附录。法律法规的附属部分称为附录，通常也被称作附件。附录与附则一字之差，但有很大的区别，附则是正文的组成部分，附录则是法律文本的组成部分。附录不是监察法规必须的部分，《监察法实施条例》就没有附录。

二、正文的层次结构

一般监察法规的结构，应以章、节、条、款、项、目为具体单位，并按照一定的逻辑排列。但根据其条款的多少、内容的简洁或复杂，也可以省略若干层次。但无论是结构复杂还是结构简单，都应具有清晰的逻辑顺序，各条款之间具有明确的逻辑关系。

一是章的设置。章一般用于条文比较多的法规中，每章之间用统一的序数排列。内容少的法规可以不用设章。章的内容篇幅视具体情况而定，通常不少于两个条款。章与章之间既要有一定的独立性，也要有内在的联系。每章都应该有标题，标题能够概括本章的内容或者范围。

二是节的设置。节是次于章的法规结构单位，节的数量取决于该章的内容层次的数量，并且按照序数形式排列。法律层级的监察立法一般都设章节，监察法规则可以考虑少设节。

三是条的设置。条是监察法规的基本构成单位，位于章和节的下一层次。当然，监察法规不一定都要设章和节，如无必要，也可以不设，但必须都有条，并且按照连续的序号进行排列。监察法规的核心内容，比如权利、义务、责任、处罚等，都应以一个个条的形式进行表达，而且每一条都应是表述完整的规则，与其他条不交叉、不重复。同时，每条的内容都应高度概括凝练，字数不能过多，在一条中要表达的内容和层次不能过多过于复杂。

四是款的设置。款是位于条之下的层次，是组成条的基本单位，通常一条包括若干款，一般一款就是一个自然段。如条的内容比较简单、仅有一个自然段，则条下无须设款。如条的内容较多，或条包括两个以上的层次，则须在条下设款。各款之间可以是并列的关系，也可以是递进的关系；通常并列的款在前，递进的款在后。

五是项的设置。项是次于款的结构单位。在不设款的监察法规中，也可以在条的下面直接设项。在设款的监察法规中，可以将项设在款下并冠以汉字数字，章、节、条、款、项的设置分别为

“第二章”“第三节”“第五条”“第四款”“(一)、(二)、(三)……”。

六是目的设置。目是项下的层次，在立法中通常极少使用，在监察法规立法中一般也无须使用。但在特殊情况下，如项的内容较多，还有内容需要分层的话，可以设置目的层次，用阿拉伯数字“1、2、3……”列出即可。

前文所述监察法规正文的设置与排列规则，以《监察法实施条例》第三章第二节第51条为例进行说明。可以看到，根据内容设置的章、节、条、款、项比较完整，具体如下：

第三章　监察范围和管辖

第二节　管辖

第五十一条　上级监察机关可以依法将其所管辖的案件指定下级监察机关管辖。

设区的市级监察委员会将同级党委管理的公职人员涉嫌职务违法或者职务犯罪案件指定下级监察委员会管辖的，应当报省级监察委员会批准；省级监察委员会将同级党委管理的公职人员涉嫌职务违法或者职务犯罪案件指定下级监察委员会管辖的，应当报国家监察委员会相关监督检查部门备案。

上级监察机关对于下级监察机关管辖的职务违法和职务犯罪案件，具有下列情形之一，认为由其他下级监察机关管辖更为适宜的，可以依法指定给其他下级监察机关管辖：

（一）管辖有争议的；

（二）指定管辖有利于案件公正处理的；

（三）下级监察机关报请指定管辖的；

（四）其他有必要指定管辖的。

被指定的下级监察机关未经指定管辖的监察机关批准，不得将案件再行指定管辖。发现新的职务违法或者职务犯罪线索，以及其他重要情况、重大问题，应当及时向指定管辖的监察机关请示报告。

第四节　监察法规的表述技术

监察法规作为调整监察法规领域社会关系的行为规则，为人们与监察相关的生活提供了行为标准和方向。因此，在监察法规的制定中，科学地运用立法表述技术，将监察法规的内容具体、明确、严谨、准确地通过法律条文表现出来，对于保障监察法规得到严格遵守和正确执行意义重大。

立法作为一项高度复杂的技艺，要求立法者既要有高超的制度设计能力，也要有精湛的语言文字表达叙述能力。[1]所谓立法的表述技术，主要是指对立法各部分内容进行构思和表述的方法

〔1〕 有关立法文件制作技术包括设计和表述两类方法和技巧的观点由孙潮教授于1993年提出。相关论述参见孙潮：《立法技术学》，浙江人民出版社1993年版，“序言”第1-3页。

和技巧。[1]监察法规制定的表述技术体现在表达规范上，主要是立法的语言和逻辑。监察法规作为一种特殊的法律法规，其理念原则虽与党内法规一脉相承，实质上是党内法规的法律表达，但既然是法律法规，其语言风格就不应是政治话语或纪言纪语，而应是高度规范化、程式化的法律语言即法言法语，做到准确肯定、简洁庄重、规范严谨、逻辑严密。

一、准确肯定

监察法规作为法律法规，用语应符合法律语言的精准性，做到准确肯定，这不同于一般政策性制度文件。所谓准确肯定，是指监察法规起草者应使用清楚明白、准确无误的语言文字表述法规条文，准确地表达和传递想要表述的信息要求。监察法规所用词语的意义应当是单一的，只能有唯一的一种理解。如果所用词语可以作多种解读，可能产生歧义，那么必须用限定词加以限定，使词义单一化。褒贬色彩浓重的词语可以使用，但应少量使用，要更多使用中性词，以体现法律语言的理性平和。在同一部监察法规中，同一个概念，务必用同样的词语表达，用意思相近的词语会导致概念之间相互混淆，造成理解上的困难。这与领导讲话、学术著作或文学创作有很大区别，正如孟德斯鸠所言，“法律用语

〔1〕 参见徐向华主编:《立法学教程》，上海交通大学出版社 2011 年版，第 289 页。

要能对每个人唤起同样的观念”〔1〕。监察法规所用的句子，一般应为陈述句，不宜使用疑问句或祈使句。此外，还要辩证分析监察法规语言的模糊性。“模糊是语言不可避免的属性”〔2〕，所谓监察法规的用语要做到准确肯定也是相对非法律语言的表述方式而言的，监察法规在保证规范性的同时可以有适度的灵活性。模糊有时也被立法者作为权力下放的一种形式而刻意为之，〔3〕然而模糊无效原则规定，如果一项法律未能向普通智力的人公平地告知禁止的内容，或者法律过于不标准，以至于授权或鼓励严重歧视性的执法，那么该法律就属于模糊无效。〔4〕

二、简洁庄重

监察法规文本使用法言法语，是其区别于其他文本类型的重要特征。“法言法语”要求表达简洁凝练、庄重正式。〔5〕监察法规立法语言的简洁凝练要求用少量的文字传达丰富的内容，〔6〕做到

〔1〕［法］孟德斯鸠：《论法的精神》（下册），张雁深译，商务印书馆1963年版，第297页。

〔2〕 Christie, George C., *Vagueness and Legal Language*, Minnesota Law Review, Vol.48, No.4, 1963–1964, p.885–912.

〔3〕 See Miller, Arthur S., *Statutory Language and the Purposive Use of Ambiguity*, Virginia Law Review, Vol.42, No.1, 1956, p.23–40.

〔4〕 See Lockwood, Cristina D., *Defining Indefiniteness, Suggested Revisions to the Void for Vagueness Doctrine*, Cardozo Public Law, Policy, and Ethics Journal, Vol.8, No.2, Spring 2010, p.255–340.

〔5〕 参见《董必武政治法律文集》，法律出版社1986年，第338页。

〔6〕 参见周旺生：《立法学教程》，北京大学出版社2006年版，第516–517页。

言简意赅、直击要害，避免使用高深玄妙、晦涩难懂、曲折反复的语言或方言，也不应过度追求语言的简洁凝练，以致遗漏重要内容或引发不同理解甚至误解。[1]监察法规立法语言的庄重朴实，要求使用规范的书面语言，不使用过于口语化或带有强烈宣传色彩、感情色彩的文字，避免独断式的权威说教，不用深奥生僻、已经过时的词语或句式，不用文学修辞手法，做到语言文风质朴、庄严正义。

三、规范严谨

监察法规文本的每个词语都承载着意义，除条文意思要表达通畅，符合汉语语法规则的最基本的要求，防止语句不通影响其效力外，其意思表达应尽可能做到严密到位，不能前后矛盾，防止宽严失当、难以操作，避免引发歧义或遗漏重要信息。在监察法规制定中，应尽量采用已经形成标准格式的句子结构，这样有利于形成规范性的表达，如假言复合句式、“的”字结构、“或者”结构等。同时，语言的词汇和语法应反复琢磨，避免用词不当或存在语法问题。“法官可以利用自己对语法规则的理解来解释法规中的语言”[2]，法规中的语言一旦生成，就会被不同身份的人理

〔1〕 参见孙潮:《立法技术学》，浙江人民出版社 1993 年版，第 66–67 页。

〔2〕 Hankin, Susan J., *Statutory Interpretation in the Age of Grammatical Permissiveness: An Object Lesson for Teaching Why Grammar Matters*, *Perspectives*, University of Maryland Legal Studies Research Paper No.2009–52, Vol.18, No.2, Winter 2010.

解，避免语法问题有利于减少理解上的分歧。另外，应正确使用标点符号，提升法律语言的清晰度。例如，《监察法实施条例》的正式发布稿第 43 条第 2 项，将征求意见稿中的“国家机关”改成“党政机关”，表述更加严密，因为无论是国家机关还是党群机关，有编制的公职人员均为监察法规定的监察对象，用“国家机关”一词明显不够周延，存在遗漏，改成“党政机关”更为严谨周密，符合该法意图表达的真实意思。再如，该法第 47 条第 3 款，将征求意见稿中的“认为有必要时”改为正式发布稿中的“必要时”，去除“认为”二字，突出了判断的客观标准，否则容易给人以侧重主观判断的误解。

四、逻辑严密

监察法规除了应注意语言规范，还应保证总则和分则、条与条之间环环相扣，具有严密周全的逻辑连接，成为一个有机整体。对比《监察法实施条例》的正式发布稿和征求意见稿，正式发布稿通过对大量条文进行修改使表述逻辑更加严密。如第 30 条，增加了“危险作业罪”，此罪名与“组织他人违章冒险作业罪”不同，既然组织他人违章冒险作业被列为罪名，那么危险作业本身就具有很大危害性，更应该被列为罪名。监察法规作为治理腐败的重要法律规范，对行使公权力过程中涉及的重大责任事故犯罪罪名应尽可能囊入其中，以保障相关群体的合法权益。第 51 条增加了“应当由监察机关和其他机关分别依职权立案”，这一补充完善了监察程序，立案是后续工作的前提，明确互涉案件的立案原则极其重要。第 54 条进行了多处修改：一是增加了“调查”，因为调查是监委的主要职责之一，不能遗漏；二是将“强化对监察权限的审批和监管”改成“严格按规定对监察措施进行审批和监管”，强调审判和监管要依规进行；三是增加了“送达”，法律文书出具之后要送达，才是过程的结束，这体现了过程的完整性。第 52 条增加了“涉嫌”，根据无罪推定原则，任何公民在审判机关判决之前都不应被认定为有罪，增加“涉嫌”二字，逻辑上更加严谨。同理，第 53 条第 1 款增加了“实施的涉嫌”。第 55 条增加了三处内容：一是在第一句话的前一个分句中所列的措施前增加了“在初步核实中”，在第一句话后一个分句所列的措施前增加“立案后”，为的是明确这些措施使用的特定阶段；二是增加了第二句关于采取技术和限制出境措施的使用程序，因为技术调查是要求比较高的调查手段，通常用于常规的调查手段不足以进行调查的情况，限制出境是对当事人不得离境的一种保全措施，两项措施都是在不得已的情况下才会使用，申请的实质和程序要求高，必须严格限制进行，因此单独列出。第 57 条增加了“协助地监察机关对于协助请求，应当依法予以协助配合”，突出了协助地监察机关配合工作的重要性，有利于全国监察工作的统筹推进。第 58 条第 2 款在“文书上记明”前面增加了“工作记录或者有关”，和第一款的内容相呼应。第 121 条第 1 款增加了“或者因保密工作需要不能调取原物的”，完善了将原物封存，并拍照、录像的情况，更符合实际。同理，第 2 款增加了“或者因保密工作需要不能调取原件”。第 123 条增加了一款，该款作为收集、提取电子数据的重要内容补充，完善了该调查手段的注意事项。第 127 条第 3 款在“应当及时通知抵押权人”前面增加了“监察机关在执行没收、追缴、责令退赔等决定时”这个具体条件，明确了行为发生的具体情况。第 131 条增加了“并应当确保完好。调用结束后，应当及时归还”，明确调用的应然状态和归还的及时性。第 128 条第 3 项增加了“以及有消费期限的卡、券”，因为“有消费期限的卡、券”是腐败贿赂的常见物品，应被纳入查封、扣押的范围。第 130 条第 1 款将“在采取措施后二十日内”改成“按规定”，因为前者只是规定了时间，具体怎么做应该还包括其他的内容，因此用“按规定”涵盖了所有相关要求。第 143 条增加了对辨认出的实物照片和附纸予以确认的具体要求，这使对辨认的规定更为细致。第 149 条增加了第 3 款，完善了鉴定意见的处理方式，因为留下告知的记录在实际工作中是非常有必要的，可以有效避免被告知人不承认已被告知的事实。第 155 条第 1 款增加了“期限届满前未办理延期手续的”，在此前提下，“到期自动解除”才说得通。第 157 条增加了第 2 款，突出了证据、线索及其他相关材料的专门用途，避免其被用于其他无关的用途。第 169 条第 2 款增加了“下级监察机关应当按期回复办理结果”，强调了下级监察机关对上级监察机关工作的积极配合义务。第 184 条第 2 款在“向社会公开发布”前增加了“通知被调查人家属”，根据常理，家属有权比社会民众先一步知晓被调查人实施留置的信息。第 187 条第 2 款在涉案人员前面增加了“立案调查的”，突出了其处理的对象只有被立案调查的涉案人员，如此修改，使涉案人员的范围更加明确。第 189 条第 1 款增加了“认罪认罚情况”，认罪处罚从宽制度是一项重要的司法制度，认罪认罚是从宽处罚的重要前提，在监察法规中作出相关规定，有利于监察机关和司法机关的衔接。第 190 条第 2 款增加了“及其自查报告”，自查报告作为一项重要的案件材料，理应被一并移送审理。第 191 条第 2 款增加了“调查部门”，明确了补充材料的责任部门。第 195 条第 2 款第 1 项增加了“拟移送起诉的”，明确了与被留置人之外的其他被调查人谈话的条件。第 197 条第 2 款增加了“或者免除”，这是认罪认罚从宽制度的内容之一，不能遗漏。第 204 条增加了“按照管理权限”，突出在管理权限范围内进行处理，体现了严格依规依法的要求。第 205 条第 2 款第 3 项增加了“要求”，因为整改的建议应有相应的要求和期限，才构成完整的建议，使整改建议可操作、可检查、可追责，体现了法规的强制性。第 208 条在“涉嫌”前面增加了“查封、扣押、冻结的”，明确哪些情况下的财物及孳息应当妥善保管，避免遗漏和选择性执行。第 207 条在具体情况前列举了处置情节较轻、不移送司法案件需要重点考虑的要素。第 205 条第 2 款第 2 项将“被建议单位存在的问题”改成“调查中发现的主要问题及其产生的原因”，因为发现问题重要，而进一步查找问题产生的原因更为重要，只有找准症结所在，才能提出有效的监察建议。第209条第1款增加了“单位”，因为需要予以协助的不仅是机构，还有其他单位。第211条第1款在“取证”前面增加了“调查”，明确取证是出于调查目的。第213条第1款在“从宽处罚建议”前面增加了“从轻、减轻或者免除处罚等”，明确主要的从宽处罚建议类型，使其更具操作性和指导性。第214条第1款增加了“如实交代自己主要犯罪事实的”，明确了认定自动投案的重要前提条件。第233条第4款将“被调查人”修改为“犯罪嫌疑人、被告人”，与前后文更加呼应，表述更加严密。第236条第2款增加了“依法直接或者协调有关单位”，因监委不可能承担全部的对外沟通工作，其他单位也承担着重要的配合职责，这样表述更符合实际。第251条增加了“司法监督”，监察机关和司法机关是既互相配合又互相制约的关系，司法机关也是监督监察机关的重要力量，应予列明。第263条第1款将“下列”明确为“监察法第五十八条所列”，避免理解上出现歧义。第267条第2款增加了“电话和邮箱”，这两者都是基本信息，应该作为必要的补充信息进行增加。第273条第1款将“予以严肃问责”改成“依法追究责任”，减轻表述的感情色彩，突出问责的法治属性，更加符合法言法语的表述风格。第280条第2款增加了“受害的法人或者其他组织终止的，其权利承受人有权要求赔偿”，这是因为在监察实践中，除了自然人，法人和组织的终止情况也经常遇到，理应予以规定，使法规条文更加严谨周密。

结　论

中国的法治建设，正如其他领域的建设一样，植根于深厚的中华传统文化土壤，有必要从几千年的文明传统中寻找可以进行现代性转化的资源支撑。中国当代监察法规的创制，应积极借鉴中国古代监察法规的创制经验，但也应把握和突出其与中国古代监察法规的质的不同。它是在国家监察体制改革的大背景下应运产生的，同其他法律法规的立法一样，还应吸收人类法治建设的经验成果，总结发扬中华人民共和国成立以来特别是党的十八大以来反腐败工作的理论创新、实践创新、制度创新。从出台《监察法》到制定监察法规，最根本的目的是将反腐败纳入法治化轨道，使党统一领导下的反腐败更加规范和专业，使全面从严治党与全面依法治国相互匹配，共同作用于党和国家治理能力的提高。

监察法规作为一种新型的法规，因第一部监察法规《监察法规实施条例》于2021年9月出台，2025年修订，学术界对监察法规的研究还不够深入，对于监察法规的基本属性和制定还存在较大的研究空白。在学术界现有关于监察法规的研究中，一些学者认为监察法规与一般法律法规的性质类似，可以套用行政法规等法律法规对监察法规的性质和制定进行界定。但这种观点忽略的一点是，监察法规是在中国国家监察体制改革的特定背景下产生，而国家监察体制改革又是将反腐败工作纳入法治轨道的重要政治体制改革，监委作为与党的纪委合署办公、实质同一的国家机关，通过党的纪委接受各级党委的领导，因而监察法规并不仅仅具有法律属性。监察法规及其上位法《监察法》本质上是党内法规的法律形式表达，既应与法律法规相衔接，符合一般法律的制定要求，具有一般法律的属性，也应与党内法规相衔接，符合党内法规的基本理念、原则要求，具有明显的政治属性。监察法规的性质和制定具有跨党内法规和法律法规的鲜明特点。监察法规作为监察法的配套法规和下位法，规定了监委具体运作的权限、程序和规则，是监察工作有序开展的重要依据，直接规定各级监察机关的执法手势，一定程度上决定着监察工作能否在法治轨道上运行，对于协同推进依法治国和依规治党、建设法治中国具有重大而深远的影响。制定好监察法规，可以为反腐提供更多法律制度支撑，构建形成更加完善的监察法律法规体系，推动反腐败工作更加规范化、法治化、专业化、制度化，不断改造中国"官本位"文化的腐败土壤，实现依法治国的总体目标。基于这些重要的使命，监察法规的制定应当体现"高标准、高要求、高起点"的立法使命，力求每一部监察法规都能成为良法。围绕监察法规的基本属性和制定进行研究，不仅是填补研究空白，具有较为重要的学术价值，对于监察法规制定实践乃至中国法治建设也具有重要的现实意义。本书对监察法规是什么、立什么、怎么立进行了具体而深入的研究，初步界定了监察法规的性质、内涵、外延，厘清了监察法规的制定原则、制定权限、制定程序和制定技术等重要问题，特别是围绕其立法中的重点难点问题，从理论和实践的层面进行了有益的探讨和思考。

第一，监察法规跨法和政治，具有法律和政治的双重属性。监察法规是连接法律法规和党内法规的特殊法规，这是其区别于其他法律法规的鲜明特征。由于国家监委是目前监察法规制定的唯一合法主体，国家监委的定位又首先是“政治机关”，因此监察法规具有相较一般法律法规更为突出的政治属性，主要表现为突出党的领导，突出民主集中制，突出政治效果、纪法效果和社会效果的统一。具体而言，监察法规更加注重从政治和大局上把握监察机关的职责定位，从党和国家大局中谋划监察法规建设，突出立法的重点，不局限于细枝末节、陷入文牍主义，为中央重大决策部署落实提供法治保障；既严格遵循上位法，又充分体现党内法规的原则理念要求，执行纪律和法律规定，维护纪律和法律的权威性；注重倾听人民群众的声音，回应社会关切，以法的规范性稳定社会预期，赢得群众认同。同时，虽然监察法规是一种特殊的法律法规，但其毕竟属于法律法规的范畴，同样具有一般法律法规所普遍共有的法律属性，突出表现为注重区分政治问题和法律问题、注重程序正义、注重拿证据说话、注重保护公民权利。因中国共产党的纪委和作为国家机关的监委合署办公，实质上一体运行，所以监察法规的这种政治属性和法律属性无论是在文本上还是在实际运行上，都是融为一体、密不可分的。

第二，监察法规的制定主体不仅应包括国家监委，也应包括省级监委。根据目前全国人大常委会的授权决定，国家监委是监察法规的制定主体，这是由监察法规的适用范围和法律效力决定的。全国人大常委会仅授予国家监委监察法规立法权当然是出于审慎的考虑，有其现实合理性。但除国家监委以外，省级人大及监委也应被赋予监察法规的制定权。中国地域广大，各地差异性较大，如能借鉴地方法规的立法方式，进一步扩大监察法规的立法主体，赋予地方特别是省级人大及监委立法权，由地方监委通过地方人大建立地方性监察法规或单独制定监察规章，那么地方就能及时出台符合自身特点和实际的监察法规，对于地方更具有适用性，有利于实现对地方监察实践的有效规范和纠偏。目前不少地方监察机关结合地方实际出台了大量内部规范性文件，这些规范性文件往往成为地方监委具体运作的现实依据。如能赋予地方监察机关监察规章的制定权，还可以推动地方监委将内部规范性文件及时转化为公开的法律文本，推动监委公开运行、接受监督，有利于进一步回答好谁来监督监委的问题。同时，通过授予地方监察机关一定的立法权，可划清监察法律规范与党内法规之间的合理界限，这是由于在合署办公的体制下，存在通过党内法规来为监察制度的运行提供规则支撑的客观需要，如此可能导致部分监察制度在宽泛意义上趋同于纪检制度，最终可能丧失其自身的法治特点和优势。

第三，监察法规的制定既应遵循一般法律法规的制定原则，也应凸显基于自身独特属性的鲜明制定特色。中国法律的创制不同于西方，这一点在监察法规这一跨法和政治的法律法规的制定中体现得尤其明显。作为由监委具体起草且规范监委的监察法规，自然首先必须突出坚持党的领导这一政治属性，接受党在立法过程中的政治领导和宏观指导，这既体现在其制定在中央纪委常委会的统一领导下进行，也表现在立法规划和重大立法项目应及时向中共中央请示报告。制定监察法规，应深刻把握党的路线方针政策，以“法言法语”准确表达“党言党语”，将党的政策主张转化为法律法规。监察法规的制定应注重公民权利保障，保护被调查人的辩护权利，尤其是把握好政治问题和法律问题的边界，将政治要求和法律要求统一起来，越是强调政治，越是应注重法律，突出事实、证据和程序的重要性。应坚持纪法贯通、法法衔接，做好监察法规和党内法规、法律法规的衔接，既充分体现党内法规的重要原则理念，又突出跟刑法、刑事诉讼法理念和程序的衔接，注重调查、注重证据，依规依法调查每一起职务违法、职务犯罪案件，使案件经得起历史和实践的检验。应坚持民主立法，既把握为民立法、为民代言的本质性要求，也要从程序上为社会各方参与提供更多渠道和途径，更好代表人民群众的意愿。应坚持正当法律程序原则，将程序正义置于突出位置，以程序正义保证实体公正。

第四，监察法规和党内法规、国家法律的衔接，是监察法规制定过程中需要重点把握的实质问题，也是监察法规制定的难点。监察法规和党内法规、法律法规的衔接具有实践基础、立法基础和体制机制保障。监察法规与党内法规的衔接相对比较顺畅，更多表现在文本、文书等形式上，而非实际运作上，因涉及反腐败的党内法规和监察法规实施的主体是同一部门、同一人员，所以在理念上必然都要坚持“惩前毖后、治病救人”、把监督挺在前面、“三不”一体推进、纪法情理贯通融合等中国共产党反腐败的基本原则，在调查措施和权限、处罚尺度和标准、惩罚实施等实体和程序上都要结合起来一并进行。“惩前毖后、治病救人”作为中国共产党自创的思想改造方法，其实际运用效果已经经受过历史检验，应在监察法规中重点体现，通过惩治极少数，教育团结大多数。监督是纪委监委的第一职责，监察法规的制定也应突出监督，将监督的第一性寓于监察法规的各方面，通过及时、精准的监督预防腐败，防止日常轻微违规行为演变成为职务违法，甚至职务犯罪。“三不”一体推进是反腐败工作的总方略，应作为贯穿监察法规制定的突出主线，使惩治与制度和教育同向发力、效应叠加。纪法情理贯通融合是纪检监察工作的基本工作方法，监察法规也应将其充分体现，在各项规定中把纪律法律的刚性与思想政治工作、人文关怀的柔性结合起来。

而监察法规和法律法规的衔接具有明确的法律依据和实践基础，更有迫切的现实需要。监察法律法规明确了监委与司法执法机关既相互配合又彼此制约的关系定位，明确了监委、纪委与其他国家机关在线索移送和处置的基本规则及立案调查过程中的协作规则，明确了向检察机关移送起诉的基本规则、流程和程序性规定，明确了监察证据制度与刑事诉讼中证据制度的衔接规则。但监察法规作为新的法律法规形式，与国家法律特别是与刑法、刑事诉讼法的衔接，因涉及监委与公安机关、检察机关、法院等不同主体，需要更多的制度机制创制，在提前介入、强制措施、证据等方面的衔接都要根据法治原则和实践需要进一步予以规范。

第五，监察法规的制定程序包括立项、起草、审查、决定、公布、备案和解释等步骤，应在立法规划、政策转换、协商论证、表决程序、公布方式、实质性审查等方面进一步探索和规范。监察法规的制定应严格按照法律程序进行，使监察法规的制定体现程序的严谨性，建立在坚实的程序正当性基础上。在立项阶段应注重立法规划或计划，加强立项论证，使立法工作安排与反腐进程相一致，更加有序科学合理。在起草阶段应突出政策的转换，组建结构合理、优势互补的起草团队，广泛开展调研，了解真实的立法需求，将实践中的有益经验和可行想法上升为法律条文。在审查阶段，应重点审查是否符合上位法的精神和具体规定，是否充分体现党内法规的理念原则和政策性要求，是否与其他已出台监察法规协调一致、相互补充，是否体现科学立法、民主立法的原则性要求，是否充分吸纳、体现了各方意见建议，是否符合立法语言风格等技术规范要求。在决定阶段，应引入完善的表决程序，变默示为明示，采用投票表决法或举手表决法，使各种意见在监委全体会议上得到充分讨论，为法案的完善提供制度保障。在公布阶段，应明确其公布的责任主体、形式要求和平台载体，使监察法规明确无误地及时向公众传达，让公众特别是公职人员了解法律、知晓规则，更好地遵守规则。在备案阶段，备案机关不应单纯备案，还应有实质性的审查，明确需要改变和撤销的情形、备案审查处理方式，以及未报送备案的责任追究方式，以使备案在监察法规的制定中真正成为行之有效的重要一环，也进一步让人大的监督更加具体实在。在解释阶段，应结合实际运用中存在的分歧和问题，运用言辞表述和文本表述等多种方式及时加以解释，不断对监察法规进行修正完善，以适应反腐败实践的发展和变化。

第六，监察法规的制定技术应从内容结构、形式结构、表述技术等方面进行规范审慎设计，将其强烈的政治属性寓于法的规范结构和法言法语之中。立法是一门技术活，应用精湛的立法技术确保监察法规的立法质量，使其政治属性和法律属性相得益彰、并行不悖。监察法规应符合一般法律法规的内容规范、形式结构规范，法律文本的要素应规范全面，各形式要件应按照法律文本的逻辑组合排列。监察法规的制定应做到表达规范，文字语言应符合法律语言风格的特点，使用正式严密、准确精练、符合语法规则的立法语言。监察法规的语言风格不应是政治话语或纪言纪语，而应是高度规范化、程式化的法律语言即法言法语，做到准确肯定、简洁庄重、规范严谨、逻辑严密。同时应有严谨的立法逻辑，使立法内容没有疏漏和破绽，防止有人钻法律空子。这些制定程序和立法技术，在第一部监察法规《监察法实施条例》制定过程中得到较好体现，但要将科学精神、科学方法、立法意图等全面贯彻落实到监察法规的内容结构、形式结构、表述技术等方面，形成完善的制定程序和技术，还需经历一个长期的过程。

总之，监察法规的制定，关系到我国监察体制改革的成功与否，关系到将反腐败工作纳入法治化轨道的政治意图的实现，事关中国法治建设的前途命运。只有明晰监察法规的定位、属性和制定原则、权限、程序、技术，在监察法规制定特别是监察法规与党内法规、法律法规衔接的重点难点问题上取得突破，审慎对待每一部监察法规的制定，既充分吸收党内法规的理念、原则和要求，又充分借鉴行政法规立法等摸索出来的规律和成熟方法，既适应实践需要、与实践紧密互动，解决监察工作中的实务问题，又以理论认识规范引领实践，推进监察工作的规范化法治化专业化，才能使更多监察法规成为良法、促进善治，为中国反腐败工作行稳致远提供坚实制度法制保障。

参考文献

一、译著及著作类

1. [法]孟德斯鸠:《论法的精神》(上册),张雁深译,商务印书馆1961年版。

2. [法]孟德斯鸠:《论法的精神》(下册),张雁深译,商务印书馆1963年版。

3. [古希腊]亚里士多德:《政治学》,吴寿彭译,商务印书馆1965年版。

4. [英]休谟:《人性论》,关文远译,商务印书馆1980年版。

5. [英]洛克:《政府论》(下篇),叶启芳、瞿菊农译,商务印书馆1982年版。

6. [美]罗斯科·庞德:《通过法律的社会控制》,沈宗灵译,商务印书馆1984年版。

7. [美]小G.宾厄姆·鲍威尔、加布里埃尔·A.阿尔蒙德:《比较政治学:体系、过程和政策》,曹沛霖等译,上海译文出版社1987年版。

8. [法]皮埃尔·勒鲁:《论平等》,王允道译,商务印书馆

1988 年版。

9. [美]查尔斯·E. 林布隆:《政策制定过程》,朱国斌译,华夏出版社 1988 年版。

10. [美]塞缪尔·亨廷顿、琼·纳尔逊:《难以抉择——发展中国家的政治参与》,汪晓寿、吴志华等译,华夏出版社 1989 年版。

11. [美]艾伦·沃森:《民法法系的演变及形成》,李静冰、姚新华译,中国政法大学出版社 1992 年版。

12. [美]詹姆斯·M. 伯恩斯等:《美国式民主》,谭君久等译,中国社会科学出版社 1993 年版。

13. [美]诺内特、塞尔兹尼克:《转变中的法律与社会》,张志铭译,中国政法大学出版社 1994 年版。

14. [英]A.J.M. 米尔恩:《人的权利与人的多样性——人权哲学》,夏勇、张志铭译,中国大百科全书出版社 1995 年版。

15. [奥]凯尔森:《法与国家的一般理论》,沈宗灵译,中国大百科全书出版社 1996 年版。

16. [美]德沃金:《法律帝国》,李常青译,中国大百科全书出版社 1996 年版。

17. [英]哈特:《法律的概念》,张文显等译,中国大百科出版社 1996 年版。

18. [英]边沁:《政府片论》,沈叔平等译,商务印书馆 1997 年版。

19. [英]弗里德里希·奥古斯特·冯·哈耶克:《通往奴役之路》,王明毅等译,中国社会科学出版社 1997 年版。

20. [英]威廉·韦德:《行政法》,徐炳等译,中国大百科全书出版社 1997 年版。

21. [德]奥特弗利德·赫费:《政治的正义性——法和国家的批判哲学之基础》,庞学铨、李张林译,上海译文出版社 1998 年版。

22. [美]科恩:《论民主》,聂崇信、朱秀贤译,商务印书馆 1988 年版。

23. [美]罗纳德·德沃金:《认真对待权利》,信春鹰、吴玉章译,中国大百科全书出版社 1998 年版。

24. [美]罗伯特·达尔:《论民主》,李柏光、林猛译,商务印书馆 1999 年版。

25. [德]哈特穆特·毛雷尔:《行政法学总论》,高家伟译,法律出版社 2000 年版。

26. [美]苏珊·罗斯·艾克曼:《腐败与政府》,王江、程文浩译,新华出版社 2000 年版。

27. [美]约翰·罗尔斯:《政治自由主义》,万俊人译,译林出版社 2000 年版。

28. [英]边沁:《道德与立法原理导论》,时殷弘译,商务印书馆 2000 年版。

29. [英]弗里德利希·冯·哈耶克:《法律、立法与自由》(第

2、3 卷)，邓正来等译，中国大百科全书出版社 2000 年版。

30. [德]弗里德里希·卡尔·冯·萨维尼:《论立法与法学的当代使命》，中国法制出版社 2001 年版。

31. [美]R.M. 昂格尔:《现代社会中的法律》，吴玉章、周汉华译，译林出版社 2001 年版。

32. [德]尤尔根·哈贝马斯:《包容他者》，曹卫东译，上海人民出版社 2002 年版。

33. [德]卡尔·拉伦茨:《法学方法论》，陈爱娥译，商务印书馆 2003 年版。

34. [德]克劳思·罗科信:《德国刑事诉讼法》，吴丽琪译，法律出版社 2003 年版。

35. [古希腊]亚里士多德:《尼各马科伦理学》，苗力田译，中国人民大学出版社 2003 年版。

36. [新西兰]杰瑞米·波普:《制约腐败——建构国家廉政体系》，清华大学公共管理学院廉政研究室译，中国方正出版社 2003 年版。

37. [英]彼得·斯坦、约翰·香德:《西方社会的法律价值》，王献平译，中国法制出版社 2004 年版。

38. [英]吉米·边沁:《立法理论》，李贵方等译，中国人民公安大学出版社 2004 年版。

39. [德]约瑟夫·夏辛、容敏德编著:《法治》，阿登纳基金会译，法律出版社 2005 年版。

40.［美］凯斯·R.桑斯坦:《偏颇的宪法》,宋华琳、毕竞悦译,北京大学出版社2005年版。

41.［美］本杰明·巴伯:《强势民主》,彭斌、吴润洲译,吉林人民出版社2006年版。

42.［美］詹姆斯·博曼:《公共协商:多元主义、复杂性与民主》,黄相怀译,中央编译出版社2006年版。

43.［美］安·赛德曼、罗伯特·鲍勃·赛德曼、那林·阿比斯卡:《立法学理论与实践》,刘国福等译,中国经济出版社2008年版。

44.［英］J.S.密尔:《代议制政府》,汪瑄译,商务印书馆1982年版。

45.［荷］克拉勃:《近代国家观念》,王检译,吉林出版集团有限责任公司2009年版。

46.［美］安德鲁·奥尔特曼:《批判法学——一个自由主义的批评》,信春鹰、杨晓锋译,中国政法大学出版社2009年版。

47.［美］约翰·罗尔斯:《正义论》,何怀宏等译,中国社会科学出版社2009年版。

48.［美］安东尼·唐斯:《民主的经济理论》,姚洋等译,上海世纪出版集团2010年版。

49.［美］理查德·B.斯图尔特:《美国行政法的重构》,沈岿译,商务印书馆2011年版。

50.［美］约翰·哈特·伊利:《民主与不信任:司法审查的一

个理论》,张卓明译,法律出版社2011年版。

51.[瑞典]博·罗斯坦:《政府质量:执政能力与腐败、社会信任和不平等》,蒋小虎译,新华出版社2012年版。

52.[英]汤姆·宾汉姆:《法治》,毛国权译,中国政法大学出版社2012年版。

53.[德]伯恩·魏德士:《法理学》,丁晓春、吴越译,法律出版社2013年版。

54.[美]约瑟夫·熊彼特:《资本主义、社会主义和民主》,杨中秋译,电子工业出版社2013年版。

55.[美]罗伯特·波斯特:《民主、专业知识与学术自由——现代国家的第一修正案理论》,左亦鲁译,中国政法大学出版社2014年版。

56.[英]迈克尔·赞德:《英国法:议会立法、法条解释、先例原则及法律改革》(第6版),江辉译,中国法制出版社2014年版。

57.[英]尼尔·麦考密克:《修辞与法治:一种法律推理理论》,程朝阳、孙光宁译,北京大学出版社2014年版。

58.[美]乔万尼·萨托利:《民主新论》,冯克利、阎克文译,上海人民出版社2015年版。

59.[美]塞缪尔·P.亨廷顿:《变化社会中的政治秩序》,王冠华等译,上海人民出版社2015年版。

60.[比]马克·范·胡克:《法律的沟通之维》,孙国东译,法律出版社2008年版。

61.［英］约瑟夫·拉兹:《法律体系的概念》,吴玉章译,商务印书馆 2018 年版。

62. 王沪宁编:《腐败与反腐败》,竺乾威等译,上海人民出版社 1990 年版。

63.《新加坡预防腐败法》编写组编:《外国反腐败法译丛——新加坡预防腐败法》,王君祥译,中国方正出版社 2013 年版。

64. 陈骙、李涂:《文则·文章精义》,人民文学出版社 1960 年版。

65.《董必武政治法律文集》,法律出版社 1986 年。

66. 蔡定剑:《国家监督制度》,中国法制出版社 1991 年版。

67.《彭真文选》,人民出版社 1991 年版。

68.《邓小平文选》(第 3 卷),人民出版社 1993 年。

69. 孙潮:《立法技术学》,浙江人民出版社 1993 年版。

70. 张文显:《法学基本范畴研究》,中国政法大学出版社 1993 年版。

71. 林达:《历史深处的忧虑:近距离看美国之一》,生活·读书·新知三联书店 1997 年版。

72. 季卫东:《法治秩序的建构》,中国政法大学出版社 1999 年版。

73. 龙宗智:《相对合理主义》,中国政法大学出版社 1999 年版。

74. 张根大:《法律效力论》,法律出版社 1999 年版。

75. 陈伯礼:《授权立法研究》,法律出版社 2000 年版。

76. 苗连营:《立法程序论》,中国检察出版社 2001 年版。

77. 孙笑侠等:《浙江地方法治进程研究》,浙江人民出版社 2001 年版。

78. 高鸿钧等:《法治:理念与制度》,中国政法大学出版社 2002 年版。

79. 葛洪义:《法与实践理性》,中国政法大学出版社 2002 年版。

80. 戚渊:《论立法权》,中国法制出版社 2002 年版。

81. 侯淑雯:《立法制度与技术原理》,中国工商出版社 2003 年版。

82. 季卫东:《法律程序的意义——对中国法制建设的另一种思考》,中国法制出版社 2004 年版。

83. 李培传:《论立法》,中国法制出版社 2004 年版。

84. 周旺生:《立法学》,法律出版社 2004 年版。

85. 李林:《立法理论与制度》,中国法制出版社 2005 年版。

86. 孙晓红:《法的溯及力问题研究》,中国法制出版社 2008 年版。

87. 周琪、袁征:《美国的政治腐败与反腐败——对美国反腐败机制的研究》,中国社会科学出版社 2009 年版。

88.《孟子·告子上》。

89.《墨子·修身》。

90.周赟:《立法用规范词研究》,法律出版社2011年版。

91.卓泽渊:《法政治学研究》,法律出版社2011年版。

92.包玉秋:《反腐倡廉立法研究》,中国社会科学出版社2013年版。

93.黄震云、张燕:《立法语言学研究》,长春出版社2013年版。

94.宋振国、刘长敏:《各国廉政建设比较研究》(修订版),知识产权出版社2013年版。

95.《尔雅》,管锡华译注,中华书局2014年版。

96.陈挥、王关兴:《中国共产党反腐倡廉史》,上海人民出版社2014年版。

97.刘杰等:《转型期的腐败治理——基于不同国家和地区经验的比较研究》,上海社会科学院出版社2014年版。

98.李永忠:《论制度反腐》,中央编译出版社2016年版。

99.孙笑侠:《程序的法理》(第2版),社会科学文献出版社2017年版。

100.江国华:《中国监察法学》,中国政法大学出版社2018年版。

101.姜明安:《监察工作理论与实务》,中国法制出版社2018年版。

102.杨宇冠:《监察法与刑事诉讼法衔接问题研究》,中国政法大学出版社2018年版。

103. 卓泽渊:《法治国家论》(第 4 版),法律出版社 2018 年版。

104. 陈勇:《中国古代监察人物传略》,中国方正出版社 2019 年版。

105. 秦前红、叶海波等:《国家监察制度改革研究》,法律出版社 2018 年版。

106. 王锋:《立法论证研究》,商务印书馆 2019 年版。

107. 魏昌东:《腐败治理"中国模式"的立法发展与理论探索》,上海人民出版社 2019 年版。

108. 薛秀娟:《清朝监察立法制度及其历史镜鉴研究》,九州出版社 2019 年。

109. 秦前红:《监察改革中的法治工程》,译林出版社 2020 年版。

110. 习近平:《论坚持全面依法治国》,中央文献出版社 2020 年版。

111. 杨临宏:《立法学:原理、程序、制度与技术》,中国社会科学出版社 2020 年版。

112. 张利生:《派驻监督实践略论》,中国方正出版社 2020 年版。

113. 张越:《立法技术原理》,中国法制出版社 2020 年版。

114. 张云霄:《监察法学新论》,中国政法大学出版社 2020 年版。

二、编著类

1. 汪太理等主编:《中外反腐败史鉴》,中国人民公安大学出版社 1991 年版。

2. 李秀林等主编:《辩证唯物主义和历史唯物主义原理》(第 4 版),中国人民大学出版社 1995 年版。

3. 沈达明编著:《英美证据法》,中信出版社 1996 年版。

4. 袁方主编:《社会研究方法教程》,北京大学出版社 1997 年版。

5. 乔晓阳主编:《立法法讲话》,中国民主法制出版社 2000 年版。

6. 周旺生主编:《立法研究》(第 6 卷),北京大学出版社 2007 年版。

7. 李雪勤主编:《中国共产党纪律检查工作 60 年》,中国方正出版社 2009 年版。

8. 徐向华主编:《立法学教程》,上海交通大学出版社 2011 年版。

9. 樊崇义、王建明主编:《〈联合国反腐败公约〉与我国职务犯罪侦查研究》,中国方正出版社 2011 年版。

10. 周叶中主编:《宪法》(第 3 版),高等教育出版社 2011 年版。

11. 李林主编:《中国:在新起点上全面推进依法治国》,中国社会科学出版社2015年版。

12. 中共中央文献研究室编:《习近平关于全面依法治国论述摘编》,中央文献出版社2015年版。

13. 邓世豹主编:《立法学:原理与技术》,中山大学出版社2016年版。

14. 张晋藩主编:《中国古代监察法制史》(修订版),江苏人民出版社2017年版。

15. 中国纪检监察报社:《学思践悟》,中国方正出版社2017年版。

16. 本书编写组编写:《〈中华人民共和国监察法〉案例解读》,中国方正出版社2018年版。

17. 江国华编著:《国家监察立法研究》,中国政法大学出版社2018年版。

18. 马怀德主编:《中华人民共和国监察法理解与适用》,中国法制出版社2018年版。

19. 王爱立主编:《中华人民共和国刑事诉讼法修改条文解读》,中国法制出版社2018年版。

20. 吴建雄主编:《读懂〈监察法〉》,人民出版社2018年版。

21. 张文显主编:《法理学》(第5版),高等教育出版社2018年版。

22. 中共中央纪律检查委员会法规室、中华人民共和国国家监察委员会法规室编写:《〈中华人民共和国监察法〉释义》,中国方正出版社2018年版。

23. 本书编写组编写:《法法衔接20讲》,中国方正出版社2019年版。

24. 本书编写组编写:《监察权限与程序案例指导》,中国方正出版社2020年版。

25. 本书编写组编写:《监察与司法有效衔接》,中国方正出版社2020年版。

26. 李晓明、芮国强主编:《国家监察学原理》,法律出版社2019年版。

27. 马怀德主编:《监察法学》,人民出版社2019年版。

28. 秦前红主编:《监察法学教程》,法律出版社2019年版。

29. 沈春耀、许安标主编:《大智立法:新中国成立70年立法历程》,法律出版社2019年版。

30. 吴建雄主编:《反腐败:监察与司法的法法衔接》,中国检察出版社2019年版。

31. 谢尚果、申君贵主编:《监察法教程》,法律出版社2019年版。

32.《宪法学》编写组编:《宪法学》(第2版),高等教育出版社2020年版。

33. 刘飞编著:《纪检监察实务一本通》,中国法制出版社2021年版。

34. 周叶中主编:《党内法规理论研究》(总第5期),社会科学文献出版社2021年版。

35. 张春生主编:《中华人民共和国立法法释义》,法律出版社2000年版。

36. 刘海涛主编:《地方立法研究》,中国民主法制出版社2002年版。

37. 王云奇主编:《地方立法技术手册》,中国民主法制出版社2004年版。

38. 王腊生主编:《地方立法技术的理论与实践》,中国民主法制出版社2007年版。

39. 章戎编著:《法理学原论》,云南大学出版社2007年版。

40. 郑春燕、田梦海主编:《立法前沿》(第1辑),浙江大学出版社2017年版。

41. 吴建雄、廖永安主编:《反腐败:监察与司法的法法衔接》,中国检察出版社2019年版。

三、期刊类

1. 贾铁凡、王浩臣:《如何理解和把握〈政务处分法〉规定的政务处分与党纪处分的匹配适用?遵循"轻轻、重重"的匹配原则》,载《中国纪检监察》2020年第16期。

2. 钱小平:《"积极治理主义"与匈牙利贿赂犯罪刑法立法转

型——兼论中国贿赂犯罪刑法立法改革之方向抉择》，载《首都师范大学学报（社会科学版）》2014 年第 6 期。

3. 完颜平：《治病救人需把纪法情理贯通融合》，载《中国纪检监察》2020 年第 21 期。

4. 魏昌东：《监督职能是国家监察委员会的第一职能：理论逻辑与实现路径——兼论中国特色监察监督系统的规范性创建》，载《法学论坛》2019 年第 1 期。

5. 习近平：《在首都各界纪念现行宪法公布施行 30 周年大会上的讲话（2012 年 12 月 4 日）》，载《中国人大》2012 年第 23 期。

6. 周旺生：《论国务院立法的几个问题》，载《法学评论》1988 年第 2 期。

7. 高正荣：《中国古代第一个监察法规》，载《法学杂志》1990 年第 3 期。

8. 季卫东：《法律程序的意义——对中国法制建设的另一种思考》，载《中国社会科学》1993 年第 1 期。

9. 周旺生：《关于立法规划的几个理论问题》，载《北京大学学报（哲学社会科学版）》1993 年第 3 期。

10. 梁国尚：《地方人大和政府的立法权限究应如何界定》，载《法学杂志》1994 年第 5 期。

11. 周旺生：《关于中国立法程序的几个基本问题》，载《中国法学》1995 年第 2 期。

12. 李林：《关于立法权限划分的理论与实践》，载《法学研究》1998年第5期。

13.邓世豹:《法律位阶与法律效力等级应当区分开》,载《法商研究(中南政法学院学报)》1999年第2期。

14.苗连营、宋雅芳:《立法程序的功能分析》,载《河南省政法管理干部学院学报》2000年第3期。

15.张锋:《论立法法中的授权立法》,载《国家检察官学院学报》2000年第3期。

16.蔡定剑:《民主是治疗法律不良症的良药》,载《法学论坛》2003年第2期。

17.韩大元、屠振宇、于潇:《现代宪法解释理论的发展趋势——"现行宪法理解:理论、规则与程序"学术研讨会综述》,载《法学家》2003年第2期。

18.胡玉鸿:《试论法律位阶划分的标准——兼及行政法规与地方性法规之间的位阶问题》,载《中国法学》2004年第3期。

19.梁慧星:《靠什么制约公权力的滥用?》,载《时代法学》2004年第3期。

20.林雅:《中国封建监察制度及其得失评析》,载《法学评论》2004年第4期。

21.苏新建:《程序视角下的议会》,载《当代法学》2005年第5期。

22.关保英:《科学立法科学性之解读》,载《社会科学》2007年第3期。

23. 刘风景:《例示规定的法理与创制》,载《中国社会科学》2009年第4期。

24. 孙哲、赵可金:《美国国会对腐败问题的治理》,载《清华大学学报(哲学社会科学版)》2009年第2期。

25. 汪全胜:《立法技术评估的探讨》,载《西南民族大学学报(人文社科版)》2009年第5期。

26. 汪建昌、李建兵:《我国行政区划调整的六大原则》,载《广东行政学院学报》2010年第2期。

27. 刘金程:《中国共产党纪检监察领导体制的演化:90年的回顾与展望》,载《河南社会科学》2011年第5期。

28. 万毅:《证据"转化"规则批判》,载《政治与法律》2011年第1期。

29. 付子堂、胡夏枫:《立法与改革:以法律修改为重心的考察》,载《法学研究》2014年第6期。

30. 胡学相:《贪污罪数额标准的定量模式分析》,载《法学》2014年第11期。

31. 姜伟:《全面深化改革与全面推进依法治国关系论纲》,载《中国法学》2014年第6期。

32. 刘风景:《包裹立法的中国实践》,载《法学》2014年第6期。

33. 刘风景:《法条标题设置的理据与技术》,载《政治与法律》2014年第1期。

34. 刘风景:《法条序号的功能定位与设置技术》,载《环球法律评论》2014年第3期。

35. 王岐山:《坚持党的领导 依规管党治党 为全面推进依法治国提供根本保证》,载《中国纪检监察》2014年第22期。

36. 张文显:《法治与国家治理现代化》,载《中国法学》2014年第4期。

37. 何家弘、张小敏:《反腐败立法研究》,载《中国刑事法杂志》2015年第6期。

38. 刘风景:《重要条款单独表决的法理与实施》,载《法学》2015年第7期。

39. 门中敬:《论宪法与行政法意义上的法律保留之区分——以我国行政保留理论的构建为取向》,载《法学杂志》2015年第12期。

40. 习近平:《加强反腐倡廉法规制度建设 让法规制度的力量充分释放》,载《人民检察》2015年第13期。

41. 贾圣真:《论国务院行政规定的效力位阶》,载《中南大学学报(社会科学版)》2016年第3期。

42. 刘风景:《司法解释权限的界定与行使》,载《中国法学》2016年第3期。

43. 刘昕宇:《重证据不轻信口供原则须细化》,载《人民检察》2016年第9期。

44. 刘艳红:《中国反腐败立法的战略转型及其体系化构建》,

载《中国法学》2016 年第 4 期。

45. 马怀德:《国家监察体制改革的重要意义和主要任务》，载《国家行政学院学报》2016 年第 6 期。

46. 钱小平:《贿赂犯罪情节与数额配置关系矫正之辨析》，载《法学》2016 年第 11 期。

47. 卞建林:《监察机关办案程序初探》，载《法律科学（西北政法大学学报）》2017 年第 6 期。

48. 冯玉军:《中国法律规范体系与立法效果评估》，载《中国社会科学》2017 年第 12 期。

49. 江国华、彭超:《国家监察立法的六个基本问题》，载《江汉论坛》2017 年第 1 期。

50. 江国华:《国家监察体制改革的逻辑与取向》，载《学术论坛》2017 年第 3 期。

51. 姜明安:《国家监察法立法的若干问题探讨》，载《法学杂志》2017 年第 3 期。

52. 李森:《国家监察委员会职权的立法配置与逻辑思考》，载《首都师范大学学报（社会科学版）》2017 年第 5 期。

53. 林泰:《监察法立法与实施的成本收益定量论》，载《广西大学学报〈哲学社会科学版〉》2021 年第 4 期。

54. 马怀德:《〈国家监察法〉的立法思路与立法重点》，载《环球法律评论》2017 年第 2 期。

55. 马怀德:《让党内监督和国家监督与时俱进》，载《紫光阁》2017 年第 2 期。

56. 秦前红、刘怡达:《监察全面覆盖的可能与限度——兼论监察体制改革的宪法边界》, 载《甘肃政法学院学报》2017 年第 2 期。

57. 秦前红:《国家监察体制改革宪法设计中的若干问题思考》, 载《探索》2017 年第 6 期。

58. 秦前红:《监察体制改革的逻辑与方法》, 载《环球法律评论》2017 年第 2 期。

59. 秦前红:《困境、改革与出路: 从“三驾马车”到国家监察——我国监察体系的宪制思考》, 载《中国法律评论》2017 年第 1 期。

60. 汪海燕:《监察制度与〈刑事诉讼法〉的衔接》, 载《政法论坛》2017 年第 6 期。

61. 王春玺、韩苗苗:《加强对地方党委“一把手”权力制约监督的途径与方法》, 载《理论探讨》2017 年第 2 期。

62. 王贵松:《论法律的法规创造力》, 载《中国法学》2017 年第 1 期。

63. 王旭:《国家监察机构设置的宪法学思考》, 载《中国政法大学学报》2017 年第 5 期。

64. 吴建雄、李春阳:《健全国家监察组织架构研究》, 载《湘潭大学学报(哲学社会科学版)》2017 年第 1 期。

65. 杨解君:《全面深化改革背景下的国家公权力监督体系重

构》,载《武汉大学学报(哲学社会科学版)》2017年第3期。

66. 张立伟:《党内法规体系的理论建构》,载《理论视野》2017年第4期。

67. 张中:《论侦查阶段的有效辩护》,载《当代法学》2017年第6期。

68. 朱宁宁:《地方立法:助力国家治理体系现代化》,载《中国人大》2017年第19期。

69. 包晓彤、黄明涛:《监察委员会留置措施中律师介入问题研究》,载《特区实践与理论》2018年第4期。

70. 陈卫东:《职务犯罪监察调查程序若干问题研究》,载《政治与法律》2018年第1期。

71. 范进学:《2018年修宪与中国新宪法秩序的重构》,载《法学论坛》2018年第3期。

72. 江国华、何盼盼:《中国特色监察法治体系论纲》,载《新疆师范大学学报(哲学社会科学版)》2018年第5期。

73. 姜明安:《论监察法的立法目的与基本原则》,载《行政法学研究》2018年第4期。

74. 金梦:《立法性决定的界定与效力》,载《中国法学》2018年第3期。

75. 李奋飞:《"调查——公诉"模式研究》,载《法学杂志》2018年第6期。

76. 梁晓旭:《如何理解调查过程中的重要事项应集体研究并

按程序请示报告——民主集中制的具体体现》,载《中国纪检监察》2018年第16期。

77. 马森述:《深刻认识监察法的重大意义和科学内涵》,载《中国纪检监察》2018年第6期。

78. 莫纪宏:《准确把握监察法的属性》,载《中国纪检监察》2018年第7期。

79. 彭文华:《刑法视野下认罪认罚从宽制度的理解与运用》,载《上海政法学院学报(法治论丛)》2018年第6期。

80. 彭新林:《国家监察体制改革:动因、要义与方略》,载《学术界》2018年第10期。

81. 秦前红:《监察机关依法开展自我监督之路径研究》,载《深圳社会科学》2018年第1期。

82. 施新州:《介于法与政治之间:党内法规研究的基本进路》,载《法治现代化研究》2018年第5期。

83. 帅志:《"四种形态"转化 要"刚度"也要"温度"》,载《中国纪检监察》2018年第23期。

84. 苏绍龙:《论党内法规的制定主体》,载《四川师范大学学报(社会科学版)》2018年第5期。

85. 孙新阳:《坚持把监督挺在前面》,载《党建研究》2018年第7期。

86. 汪海燕:《审判中心与监察体制改革——以证据制度为视角》,载《新疆社会科学》2018年第3期。

87. 魏昌东:《〈监察法〉与中国特色腐败治理体制更新的理论逻辑》,载《华东政法大学学报》2018年第3期。

88. 徐汉明:《国家监察权的属性探究》,载《法学评论》2018年第1期。

89. 颜新文、黄也倩:《浙江:以运行机制探索为改革深化提供支撑》,载《中国纪检监察》2018年第14期。

90. 叶青:《监察机关调查犯罪程序的流转与衔接》,载《华东政法大学学报》2018年第3期。

91. 张云霄:《国家监察体制改革法治化进程初探》,载《法学杂志》2018年第5期。

92. 郑曦:《论非法证据排除规则对监察委办理案件的适用》,载《证据科学》2018年第4期。

93. 卞建林、陶加培:《论监察法与刑事诉讼法衔接中录音录像制度》,载《中国刑事法杂志》2019年第3期。

94. 陈瑞华:《论国家监察权的性质》,载《比较法研究》2019年第1期。

95. 程衍:《论非法证据排除程序中侦查人员的程序性被告身份》,载《当代法学》2019年第3期。

96. 程衍:《中国特色独立监察程序下非法证据排除规则的制度建构》,载《南京大学学报(哲学·人文科学·社会科学)》2019年第2期。

97. 杜路:《纪检监察体制改革后如何做好"纪法衔接"》,载

《人民论坛》2019 年第 23 期。

98. 冯铁拴:《国家监察立法体系化论析》,载《西南政法大学学报》2019 年第 1 期。

99. 江国华、何盼盼:《国家监察纪法贯通保障机制研究》,载《中国高校社会科学》2019 年第 1 期。

100. 江国华、张硕:《监察过程中的公安协助配合机制》,载《法学研究》2019 年第 2 期。

101. 江国华:《正当性、权限与边界——特别权力关系理论与党内法规之证成》,载《法律科学(西北政法大学学报)》2019 年第 1 期。

102. 金成波、张航:《推进以监察法为中心的反腐败立法体系化》,载《理论与改革》2019 年第 4 期。

103. 李红勃:《监察法规的法律地位及其规范体系》,载《现代法学》2019 年第 5 期。

104. 梁坤:《纪检监察措施分类适用的法规范解读》,载《法学》2019 年第 3 期。

105. 梁莉:《完善检察机关与纪检监察机关协调配合机制》,载《人民检察》2014 年第 10 期。

106. 刘素梅:《国家监察权的监督制约体制研究》,载《学术界》2019 年第 1 期。

107. 刘艳红:《〈监察法〉与其他规范衔接的基本问题研究》,载《法学论坛》2019 年第 1 期。

108. 刘艳红:《职务犯罪案件非法证据的审查与排除——以〈监察法〉与〈刑事诉讼法〉之衔接为背景》, 载《法学评论》2019 年第 1 期。

109. 刘怡达:《论纪检监察权的二元属性及其党规国法共治》, 载《社会主义研究》2019 年第 1 期。

110. 莫纪宏:《人大立法中的“法法衔接”问题研究》, 载《人大研究》2019 年第 5 期。

111. 秦前红、刘怡达:《国家监察体制改革的法学关照: 回顾与展望》, 载《比较法研究》2019 年第 3 期。

112. 秦前红、石泽华:《论依法监察与监察立法》, 载《法学论坛》2019 年第 5 期。

113. 秦前红、石泽华:《新时代监察法学理论体系的科学建构》, 载《武汉大学学报(哲学社会科学版)》2019 年第 5 期。

114. 秦前红:《监察法学的研究方法刍议》, 载《河北法学》2019 年第 4 期。

115. 任国伟:《按“惩前毖后治病救人”原则 刘士余被从轻处理》, 载《人民法治》2019 年第 20 期。

116. 石亚军、霍沛:《深化党和国家机构改革 促进党内法规制度建设》, 载《政法论坛》2019 年第 4 期。

117. 孙青松:《把讲政治的要求贯穿执纪执法全过程》, 载《中国纪检监察》2019 年第 6 期。

118. 王婵、肖金明:《论党内规范性文件向国家法律的转化》,

载《理论导刊》2019年第10期。

119. 王秀梅、黄玲林:《监察法与刑事诉讼法衔接若干问题研究》,载《法学论坛》2019年第2期。

120. 吴建雄:《刑事诉讼法与监察法衔接的反腐逻辑与反腐理念》,载《新疆师范大学学报(哲学社会科学版)》2019年第3期。

121. 姚莉:《监察案件的立案转化与“法法衔接”》,载《法商研究》2019年第1期。

122. 叶青、程衍:《关于独立监察程序的若干问题思考》,载《法学论坛》2019年第1期。

123. 于晓虹、杨惠:《监察体制改革视阈下的地方治理逻辑——基于地方监察委实践的实证分析(2016—2018)》,载《治理研究》2019年第6期。

124. 张能全:《监察法与刑事诉讼法的位阶对接和法法衔接问题研究》,载《黑龙江社会科学》2019年第1期。

125. 周全、曾刚:《立法成本收益分析的中国语境和适用路径》,载《行政与法》2019年第12期。

126. 宗婷婷、王敬波:《国家监察对象的认定标准:核心要素、理论架构与适用场域》,载《中共中央党校(国家行政学院)学报》2019年第4期。

127. 邹东升、姚靖:《改革开放以来党内反腐倡廉法规的建设与经验》,载《甘肃社会科学》2019年第2期。

128.《十九届中央纪委四次全会工作报告提到的10部法规

制度》,载《支部建设》2020 年第 9 期。

129. 曾哲、丁俊文:《问题展开与路径阐释:依法监察理论与地方监察立法之证成》,载《河北法学》2020 年第 10 期。

130. 陈伟:《国家监察全覆盖的内涵、原则及重点》,载《学术论坛》2020 年第 2 期。

131. 段鸿斌:《基于党和国家监督体系的监察法规的类型化构造》,载《人大研究》2020 年第 6 期。

132. 段占朝、刘长秋:《执行主体视角下的党内法规制度执行力提升路径》,载《广西社会科学》2020 年第 7 期。

133. 封利强:《监察法学的学科定位与理论体系》,载《法治研究》2020 年第 6 期。

134. 龚举文:《论监察调查中的非法证据排除》,载《法学评论》2020 年第 1 期。

135. 桂梦美:《职务犯罪调查阶段认罪认罚从宽的制度逻辑与展开》,载《苏州大学学报(哲学社会科学版)》2020 年第 5 期。

136. 何永军、李润萍:《监察法规:一个崭新的法律渊源》,载《四川警察学院学报》2020 年第 1 期。

137. 冀明武:《论党内监督法规与国家法律制度的衔接——以〈中国共产党党内监督条例〉与〈监察法〉为视点》,载《江汉学术》2020 年第 2 期。

138. 李云霖、银鹰、岳天明:《人大及其常委会监督监察委员会的逻辑与作为》,载《湖南科技大学学报(社会科学版)》2020

年第 4 期。

139. 刘风景:《审慎立法的伦理建构及实现途径》,载《法学》2020 年第 1 期。

140. 刘计划:《监察委员会职务犯罪调查的性质及其法治化》,载《比较法研究》2020 年第 3 期。

141. 蒙慧、胥壮壮:《监察体制改革背景下纪委监委合署办公体制的构建》,载《中州学刊》2020 年第 7 期。

142. 孟祥金:《监察留置与刑事强制措施的衔接与完善——兼评新〈刑事诉讼法〉第一百七十条》,载《重庆理工大学学报(社会科学)》2020 年第 9 期。

143. 聂辛东:《国家监察委员会的监察法规制定权限:三步确界与修法方略》,载《政治与法律》2020 年第 1 期。

144. 秦前红、石泽华:《监察法规的性质、地位及其法治化》,载《法学论坛》2020 年第 6 期。

145. 石佳友:《解码法典化:基于比较法的全景式观察》,载《比较法研究》2020 年第 4 期。

146. 谭家超:《监察法规范体系的基本架构研究》,载《重庆理工大学学报(社会科学)》2020 年第 9 期。

147. 王春业:《论赋予监察机关立法权——兼评全国人大常委会的〈决定〉》,载《浙江工商大学学报》2020 年第 4 期。

148. 王建学:《监察机关立法权纵向配置研究——基于地方试点的视角》,载《四川师范大学学报(社会科学版)》2020 年第

5 期。

149. 王可利、刘旺洪:《监察信息公开范围初探》,载《江苏社会科学》2020 年第 2 期。

150. 夏伟:《监察体制改革“纪法衔接”的法理阐释及实现路径》,载《南京师大学报(社会科学版)》2020 年第 1 期。

151. 阳平:《我国监察管辖制度体系的构成及完善》,载《法治研究》2020 年第 6 期。

152. 姚小林:《地方立法中的公众参与:广东样本、规范与模式转换》,载《广东行政学院学报》2020 年第 1 期。

153. 叶海波:《从“纪检立规”到“监察立法”:深化国家监察体制改革法治路径的优化》,载《政治与法律》2020 年第 8 期。

154. 游钟豪、林来梵:《监察法规立法规制探讨》,载《福建师范大学学报(哲学社会科学版)》2020 年第 6 期。

155. 张云霄:《监察法学研究体系略论》,载《黑龙江省政法管理干部学院学报》2020 年第 1 期。

156. 朱福惠、聂辛东:《论监察法体系及其宪制基础》,载《江苏行政学院学报》2020 年第 5 期。

157. 祝捷、杜晞瑜:《论监察法规与中国规范体系的融贯》,载《上海政法学院学报(法治论丛)》2020 年第 3 期。

158. 陈柏峰:《习近平法治思想中的“党的领导”理论》,载《法商研究》2021 年第 3 期。

159. 段磊、熊娜:《党内法规制定权限划分的变迁及其政治逻辑》,载《学习与实践》2021年第5期。

160. 韩春晖:《依法治国和依规治党有机统一研究》,载《中国法学》2021年第4期。

161. 韩强:《论党的民主集中制的规则化》,载《理论探索》2021年第6期。

162. 何旗:《新中国成立以来党内请示报告制度建设的演进》,载《中国高校社会科学》2021年第2期。

163. 焦俊峰:《认罪认罚从宽制度下被害人权益保障问题研究》,载《法商研究》2021年第1期。

164. 李雪勤、王冠:《"三不一体":反腐败基本方针的重大继承和创新》,载《毛泽东邓小平理论研究》2021年第4期。

165. 马丽:《执政党建设视域下党内法规与国家法律衔接协调的机制探析》,载《社会科学文摘》2021年第5期。

166. 孟松:《监察法与刑事诉讼法衔接中的监察管辖问题探讨》,载《理论探索》2021年第3期。

167. 秦前红、张晓瑜:《政务处分与党纪处分适用衔接的若干问题》,载《中南民族大学学报(人文社会科学版)》2021年第1期。

168. 秦前红、周航:《党纪处分与政务处分的衔接协调及运行机制》,载《中国法律评论》2021年第1期。

169. 邱霈恩、李天昊:《监察法的法律属性及相关法理论析》,载《法治研究》2021年第1期。

170. 申世涛:《程序正义视野下监察证据的几个问题:文献梳理及展望》,载《社会科学家》2021 年第 1 期。

171. 宋方青、张可:《国家监察委员会监察法规制定权:权限范围与制度构建》,载《湘潭大学学报(哲学社会科学版)》2021 年第 4 期。

172. 宋方青:《立法能力的内涵、构成与提升:以人大立法为视角》,载《中外法学》2021 年第 1 期。

173. 宋功德:《党内法规的百年演进与治理之道》,载《中国法学》2021 年第 5 期。

174. 孙锐:《非法证据排除规则的实体之维》,载《河南大学学报(社会科学版)》2021 年第 1 期。

175. 唐皇凤、杨洁:《中国共产党百年纪检监察领导体制的历史演变与基本经验》,载《治理研究》2021 年第 4 期。

176. 王圭宇、豆中元:《监察法规的法律位阶问题研究》,载《上海政法学院学报(法治论丛)》2021 年第 6 期。

177. 王贵松:《行政活动法律保留的结构变迁》,载《中国法学》2021 年第 1 期。

178. 王彦博、胡业勋:《监察法规纳入备案审查制度的功能探析》,载《中共四川省委党校学报》2021 年第 3 期。

179. 王译:《党内监督执纪"四种形态"间程序衔接规制探讨》,载《河南社会科学》2021 年第 6 期。

180. 王裕根:《党内法规实施后评估标准的类型化构建——

以省级党内法规作为考察对象》，载《上海政法学院学报（法治论丛）》2021年第2期。

181. 王霈：《检察机关提前介入职务犯罪监察调查机制研究》，载《西南政法大学学报》2021年第1期。

182. 吴园林、刘昱成：《监察权性质新论》，载《河北法学》2021年第2期。

183. 夏正林：《论法律文本及其公布》，载《政治与法律》2021年第1期。

184. 谢小剑：《职务违法与职务犯罪监察调查程序“相对二元化模式”提倡》，载《法商研究》2021年第5期。

185. 虞浔：《职务犯罪案件中监检衔接的主要障碍及其疏解》，载《政治与法律》2021年第2期。

186. 张震、黄鑫：《监察权的逻辑认知与功能拓展：以国家治理现代化为视阈》，载《四川师范大学学报（社会科学版）》2021年第5期。

187. 张震、廖帅凯：《习近平法治思想中的监察法治思维体系论》，载《重庆大学学报（社会科学版）》2021年第4期。

188. 中央纪委国家监委法规室：《从讲政治的高度扎实推进纪检监察法规制度建设》，载《中国纪检监察》2021年第5期。

189. 朱孝清：《刑事诉讼法与监察法衔接中的若干争议问题》，载《中国刑事法杂志》2021年第1期。

190. 邹开红：《持续深化国家监察体制改革　规范和正确行使

国家监察权》，载《中国纪检监察》2021年第19期。

191. 朱德宏：《监察证据的属性及其刑事司法判断》，载《重庆大学学报（社会科学版）》2022年第6期。

192. 邹阳阳：《党领导立法：道路之由、理论之元与制度之要》，载《湖湘论坛》2022年第1期。

四、学位论文类

1. 孙新生：《中国共产党拒腐防变制度化演进研究》，上海社会科学院2021年博士学位论文。

2. 蓝恭彦：《新时代中国特色国家监察体制改革研究》，中共中央党校2019年博士学位论文。

3. 吕永祥：《国家监察委员会的预防腐败职能研究》，吉林大学2019年博士学位论文。

4. 何林：《新时代全面从严治党理论与实践研究》，吉林大学2019年博士学位论文。

5. 刘东红：《现代国家权力结构中的国家监察权研究》，西南政法大学2019年博士学位论文。

五、报纸类

1. 黄文胜：《实事求是运用四种形态》，载《中国纪检监察报》

2020年4月16日，第8版。

2. 王雁飞:《强化派驻监督方式方法探析》，载《中国纪检监察报》2018年8月30日，第8版。

3. 周岩:《监察管辖与起诉、审判管辖如何衔接》，载《中国纪检监察报》2021年3月3日，第8版。

4. 龚举文:《监察调查程序与刑事诉讼程序衔接应注意的问题》，载《中国纪检监察报》2019年12月11日，第8版。

5. 姜涛:《监督执纪"四种形态"的法理精义》，载《中国社会科学报》2020年5月27日，第4版。

6. 董梁:《鉴定技术助力自行补充侦查 让证据"开口说话"》，载《检察日报》2021年7月31日，第3版。

7. 蓝佛安:《牢牢把握实现纪法贯通、法法衔接这一关键环节》，载《中国纪检监察报》2018年11月22日，第5版。

8. 付余:《刑事强制措施与留置措施衔接的思考》，载《中国纪检监察报》2018年10月24日，第8版。

9. 江金权:《严格区分性质 实行分类处置》，载《中国纪检监察报》2016年9月13日，第3版。

10. 母雪龙:《形态转化要体现惩前毖后治病救人》，载《中国纪检监察报》2017年6月28日，第8版。

11. 赵运锋:《刑法视野下的认罪认罚从宽制度》，载《上海法治报》2017年3月22日，第B06版。

12. 梁英松:《推进科学立法，关键是完善立法体制》，载《学习时报》2021 年 7 月 14 日，第 2 版。

13. 金梦：《立法性决定：法律规范体系的重要组成部分》，载《学习时报》2019 年 11 月 6 日，第 6 版。

14. 李鹍：《推进监察工作规范化法治化正规化》，载《中国纪检监察报》2021 年 9 月 24 日，第 2 版。

15. 本报评论员：《把握纪检监察工作高质量发展的实践要求》，载《中国纪检监察报》2020 年 10 月 9 日，第 1 版。

16. 本报评论员：《如何坚持政策策略纪法情理融合 实现政治效果纪法效果社会效果相统一》，载《中国纪检监察报》2021 年 3 月 25 日，第 6 版。

17. 韩春晖：《如何坚持正当程序原则》，载《学习时报》2020 年 8 月 12 日，第 2 版。

18. 李少文：《国家监察体制改革推进反腐败工作法治化》，载《学习时报》2021 年 2 月 24 日，第 2 版。

六、中文网站类

1.《“监察法实施条例（征求意见稿）”专家研讨会在北京顺利举行》，载中国政法大学法治政府研究院官网 2021 年 6 月 5 日，http://fzzfyjy.cupl.edu.cn/info/1021/13009.htm。

2. 沈小栋：《〈零容忍〉第五集〈永远在路上〉》，载新民网，http://shanghai.xinmin.cn/2022/01/20/32100634.html。

七、外文论著类

1. H.W.R.Wade, *Administrative Law*, Oxford University Press, 1988.

2. David M.Olson, *The Legislative Process*, Harper & Row, 1980.

3. Jack Davies, *Legislative Law and Process*, West Publishing Company, 2007.

4. Michael Zander, T*he Law-Making Process*, Cambridge University Press, 2005.

5. Peter H.Schuck, *Against (and for) Madison: An Essay in Praise of Factions*, Yale Law & Policy Review, Vol.15, 1996.

6. William J. Keefe & Morris S.Ogul, *The American Legislative Process*, Prentice Hall, 1989.

7. William N. Eskridge, Jr., Philip P. Frickey & Elizabeth Garret, *Cases and Material on Legislation: Statutes and the Creation of Public Policy*, West Publishing Group, 2001.

8. Henry Campbell Black, *Black's Law Dictionary, Fifth Edition*, West Publishing Co., 1979,

9. R. Dickerson, *Fundamentals of Legal Drafting*, Little Brown and Company, 1986.

10. *Michael Johnston and Victor T. Levine, Political Corruption: A Hand Book*, Transaction Publishers, 1993.

八、外文论文类

1. Mansura K., *On the Path to Acquiring Independent Information for Enhancing Law-making, Oversight and Public Participation*, Journal of Public Administration, Vol.47, 2012.

2. Madue S.M, *Complexities of the Oversight Role of Legislatures*, Journal of Public Administration, Vol.47, 2012.

3. Stark Jack, *Should the Main Goal of Statutory Drafting be Accuracy or Clarity*, Statute L. Rev., Vol.15, 1994.

4. Lockwood Cristina D., *Defining Indefiniteness: Suggested Revisions to the Void for Vagueness Doctrine*, Cardozo Public Law, Policy, and Ethics Journal, Vol.8, 2010.

5. Krongold Susan, *Writing Laws: Making Them Easier to Understand*, Ottawa Law Review, Vol.24, 1992.

6. Redux Rhadamanthus, *"Shall" in Legislative Drafting*, South African Law Journal, Vol.104, 1987.

7. M. B. Kirk, *Legal Drafting: The Ambiguity of and/or*, Texas Tech Law Review, Vol.2, 1970.

8. Christie George C., *Vagueness and Legal Language*,

Minnesota Law Review, Vol.48, 1963–1964.

9. A.G. Mackay, *Some General Rules of the Art of Legal Composition*, Journal of Jurisprudence, Vol.32, 1888.

10. Susan J.Hankin, *Statutory Interpretation in the Age of Grammatical Permissiveness: An Object Lesson for Teaching Why Grammar Matters*, Perspectives, Vol.18, 2010.

11. Greenberg Daniel, *The Nature of Legislative Intention and its Implications for Legislative Drafting*, Statute L. Rev. Vol.27, 2006.

12. Jan Zurcher, *Basic Rules of Legislative Drafting*, Manitoba Law Journal, Vol.7, 1977.

13. Susan Krongold, *Writing Laws: Making them Easier to Understand*, Ottawa L.Rev., Vol.24, 1992.

14. Arthur S.Miller, *Statutory Language and the Purposive Use of Ambiguity*, Virginia Law Review, Vol.42, 1956.

15. Plotinsky Melvin L., *The Fundamentals of Legal Drafting by Reed Dickerson*, Indiana Law Journal, Vol.41, 1965.